Colhendo

O

Fruto do Espírito

Roberto Boni Cardoso

Colhendo O Fruto do Espírito

Ficha técnica:

Todos os serviços foram realizados pelo autor.

Obra impressa no Brasil em sistema digital. Obra catalogada conforme regem as normas editoriais.

O conteúdo desta obra foi liberado e autorizado para impressão mediante verificação dos arquivos finais pelo autor e/ou seu responsável legal.

Cardoso, Roberto Boni. ***Colhendo o Fruto do Espírito*** / Roberto Boni Cardoso. – Angra dos Reis, 2022

131 p. : 14 x 21cm

Ao Deus Trino e Uno, toda honra, glória e louvor!

À minha família, amor e gratidão!

Aos que acessarem, a paz de Cristo Jesus!

Índice

Prefácio

Este livro é uma tentativa louvável de apresentar algo maravilhoso: **O Fruto do Espírito e sua eficácia em nós!** Ele nasceu no meu blog quando, em meio às postagens, vi que as mesmas cumpriam o papel de fazer com que o leitor meditasse sobre o tema, mas seus escritos, por força do tipo de meio de comunicação, não se aprofundavam nele. Era necessário um pouco mais! Assim, ei-lo!

Para concluir as páginas deste livro, procurei meditar sobre os textos bíblicos voltados para o Fruto do Espírito, como essas características nos foram comunicadas e como as aplicamos, ou não, em nosso cotidiano, bem como as implicações desta aplicação (ou não).

São páginas edificantes, que os ajudarão a reconhecer a importância destas características e em as reconhecendo, tornar prática comum em suas vidas. Se você já o faz, parabéns! Se ainda não o faz, acredito que se faz extremamente necessário fazê-lo, pois como podemos viver como crentes em Cristo e não sermos seus imitadores, já que as características do Fruto do Espírito são tão evidentes, como você verá nas páginas deste livro, no Mestre?

Esta obra, não é como as demais que escrevi, evangelísticas! Esta é parte de um projeto pessoal de comunicação de verdades fundamentais para é comunicar verdades espirituais com clareza para despertamento de crentes a se alinharem com Cristo. Imagine que este livro é uma lente que pode lhe ajudar a enxergar melhor pontos que precisa ver.

Não estou, contudo, sendo pretencioso! Não há falta de humildade aqui, pois sei e reconheço firmemente que as sagradas escrituras são suficientes. Este livro, portanto, é um veículo auxiliar.

Eu, autor, tenho 22 (vinte e dois) anos como professor da Escola Bíblica Dominical, assim como sou licenciado em Biologia, portanto, informal e formalmente professor, sinto-me convocado, pelo Espírito, para o ensino e, imbuído da responsabilidade de tratar sobre este assunto, sobretudo porque aqueles que são chamados por Cristo não podem manter em si, retidas, informações que podem ser úteis ao bem estar de outrem e, conforme diz as Escrituras em Tiago 4.17:

"Um ao outro ajudou e ao seu companheiro disse: Esforça-te!"

Que seja bem assim, esta mensagem!

O Autor

Introdução

Escrever sobre algo tão importante quanto o Fruto do Espírito é algo por demais difícil, mas ao mesmo tempo necessário.

Impressiona-me que muitos, apesar da vida cristã há décadas, não se questionem quanto a si mesmos, nem quando instados na imprescindível cerimônia da Santa Ceia. Todos os meses, pelo menos uma vez ao mês, lemos:

"Examine-se, pois, o homem a si mesmo, (...)"

I Coríntios 11.28a.

O que esta frase representa? Não só naquele dia memorável, mas em toda nossa vida, a chance que Deus nos dá de nos reenquadrar dentro das quatro linhas da verdade bíblica, da vontade de Deus que, no início meio e fim de tudo, é o que conta, dado poder de Deus de nos manter na vida ou de nos lançar na morte (Lc 12.5).

Mediante a necessidade de ler, meditar, aprender, aplicar os ensinos bíblicos em nossa vida diária, nada mais urgente que reconhecer o Fruto do Espírito e o aplicar ao dia a dia, pois em assim fazendo, combateremos com mais eficácia as obras da carne, estas sim que, de maneira nenhuma podem fazer parte da vida de quem vive no espírito. Sim! É possível viver no espírito!

Sem mais delongas, vamos lá, juntos, percorrer as páginas deste livro? Boa leitura e que Deus te abençoe!

Ao Espírito Santo

Consolador Amado, uma carta:

Doce Espírito,

Em muitas situações somos, e eu fui, confesso, negligente contigo! Não fomos capazes de reverencia-lo em Sua Majestade, como o Deus Espírito Santo da Trindade, quando ignoramos que desde o início dos tempos o Senhor também já É. E não só É igualmente "EU SOU", como desde sempre 'pairou' sobre as águas, antes literais, agora figuradas, concedendo sua doce presença a nós, suas criaturas.

Muitos de nós, hoje, reconhecemos a Trindade e, portanto, Te reconhecemos como Deus, apesar de alguns ignorarem a verdade bíblica e excluírem ao Senhor desta apresentação e, tantos outros, porém, e infelizmente, o interpretarem como sendo uma seita, que fingida, busca assumir a Tua primazia, ignorando por completo que estão tentando usurpar a Tua fama, mas não conseguem, nem isto, para os que Te enxergam, nem Teu poder, a Tua glória e a Tua majestade que lhe pertencem!

Eu quero declarar a Ti que sei, como aqueles que te amam e eu sou um deles, que reconhecemos que o Senhor sempre esteve presente na história, desde antes da humanidade, e, desde o advento dela, tem nos dado a força e os empurrões necessários, para seguirmos em frente, mesmo quando nos colocamos equivocadamente contrários a isto, por amor a nós e pelo beneplácito Seu.

Como foi importante Sua inspiração para que hoje tivéssemos em mãos O Livro de Deus, Seu e de toda Trindade, que ditado e com inspiração plenária, nos fez relatar desde ao *Alfa* da Criação dos Céus e da Terra, até ao *Ômega* da Nossa Vida Com Deus em Um Novo Céu e Nova Terra.

Quantos Sansões, tomados pelo Teu poder, foram eficazes diante das ameaças espirituais e físicas em nossa trajetória humana? Quantos foram os homens que contenderam contigo até que a determinação de que isto não seria para sempre fosse adotada? Quantos foram cheios de Ti para agir segundo a Sua vontade e ajudando a construir aquilo que ninguém sabia fazer senão você? Sua perseverança, paciência e longanimidade conosco são marcantes!

Também precisamos louvá-lo pelo agir sobre tantos meios, revelando-Se ao povo de Israel a Sua face em três manifestações visíveis, do fogo e da nuvem, e a todos nós, pelo vento, bem como pelo som.

O que diríamos então, do poder profético que moveu os homens e mulheres utilizados para e por tal ministério, informando o que o Céu convencionara aos homens fazer, não fazer, declarando o que aconteceria no presente, no futuro próximo e no futuro distante, dando oportunidade a arrependimento, a reconhecimento, a correção, a ensino, e desde aqueles tempos consolando e dando esperança!

Das palavras de Teu Coagente de Testificação Celeste, o Deus Filho Jesus, extraio a base para a penúltima parte desta carta: Pai dos que não ficariam órfãos, sabemos que precisamos nascer de Ti, para deixar de ser apenas carne, precisamos também da Sua morada em nós para que nada de ruím more em nós, de Seu consolo diário para suportar a dureza da vida humana, do Seu ensino e correção para nos ver livres de nossos pecados e ignorância, assim como para sabermos o que pensar, como pensar, o que fazer e como fazer, de Sua capacidade de interpretar o que queremos falar e pedir e não conseguimos, bem como de Sua intercessão ao Trono de Deus Pai, mesmo que com choro e gemidos inexprimíveis.

Por fim, me lembro de que o Senhor, em Sua infinita bondade, misericórdia e poder, demonstrou em Sansão, prometeu através de Joel e cumpriu no advento da Igreja, o revestimento de Poder que até hoje tem nos mantido de pé e dado forças para combater com a eficiência excelente, o mal.

TERMINO, orando a Ti:

Senhor Espírito Santo, obrigado por me permitir nascer de Ti, quando aceitei ao Deus Filho através de Teu convencimento do pecado, da justiça e do juízo, obrigado por fazer morada em mim, obrigado por me proteger, obrigado por me esclarecer a Tua Palavra, obrigado por não me deixar órfão, por me consolar e por me ensinar a sã doutrina, obrigado por interceder por mim e, bem como, obrigado por me revestir de poder.

Senhor Espírito Santo, me permita continuar sendo Sua morada: Sei que meus pecados diários atentam contra isto, me perdoe, portanto, eles, e continue me lembrando de que os tenho cometido, me esclarecendo o que é pecado e me instando ao arrependimento, para que nunca chegue ao ponto de que ter meu coração cauterizado e não mais consiga ouvir a Tua voz, extinguindo-O de mim.

Senhor Espírito Santo, continue me consolando, pois os dias na Terra são duros, difíceis, nesta luta do espírito contra a carne e contra as hostes espirituais da maldade.

Senhor Espírito Santo, continue intercedendo por mim, junto ao Deus Pai, ainda que com choro e gemidos, não desista de mim, não Se afaste de mim.

Senhor Espírito Santo, continue me explicando a profecia, dando a compreensão da Sua Palavra, me dando poder e ousadia para falar do Amor Excelente da Salvação em Cristo ao próximo, amigos e aqueles que se declaram inimigos, seja pela força de minha boca, seja pela sugestão de meu testemunho de vida, seja pela imagem e som de mídias, ou seja ainda pela escrita, como deste livro, ou de quaisquer outras formas que o Senhor assim me inspirar.

Senhor Espírito Santo, me perdoe se faltou lhe dizer algo nesta oração, se não fui suficientemente coerente contigo, se não exaltei todas as suas inúmeras e poderosas características, se não lhe prestei toda honra e louvor merecidos, sim, me perdoe!

Senhor Espírito Santo, peço-Te, abençoe o leitor desta obra com todas as bênçãos materiais e espirituais mencionadas nela.

Senhor Espírito Santo, eu Te Adoro;

Senhor Espírito Santo, eu Te Louvo;

Senhor Espírito Santo, eu Te Honro;

Senhor Espírito Santo, Fica Comigo!

Capítulo 01

MENSAGEM 01:

Introdução ao Fruto do Espírito

"Mas o fruto do Espírito é: caridade, gozo, paz, longanimidade, benignidade, bondade, fé, mansidão, temperança."

Gl 5.22

Ὁ δὲ καρπὸς τοῦ Πνεύματός

Ho de karpos tou Pneumatos

Mas o fruto do Espírito

Neste texto, apresentarei cada uma das palavras do versículo em seu original grego, aliando-as a sua interpretação, para que juntos entendamos o que cada uma das palavras efetivamente querem se referir, bem como analisaremos o contexto do texto de Gálatas em que o verso 22 (vinte e dois) se insere. Portanto, o objetivo geral deste capítulo é fazer uma análise pormenorizada.

Gálatas 5.22-23

Em grego koiné:

"Ὁ δὲ καρπὸς τοῦ Πνεύματός ἐστιν ἀγάπη χαρὰ εἰρήνη μακροθυμία χρηστότης ἀγαθωσύνη πίστις πραΰτης ἐγκράτεια κατὰ τῶν τοιούτων οὐκ ἔστιν νόμος"

Em grego simplificado:

"Ho de karpos tou Pneumatos estin ágape chara eirēnē makrothimia chrēstotēs agathōsunē pistis prautēs enkrateia kata ton toioutōn ouk estin nomos"

Léxico[1]

Tradução Literal	Grego	Fortes	Origem
Mas a fruta	καρπὸς (karpos)	fruta	um primo. Palavra
do Espírito	πνεύματος (pneumatos)	vento, espirito	de pneó
é amor	ἀγάπη (ágape)	amor, boa vontade	de agapaó
alegria,	χαρὰ (chara)	alegria, prazer	de chairó
paz,	εἰρήνη (eirēnē)		de derivação incerta, talvez de eiró (juntar): lit. ou fig. paz, por imp. bem-estar
paciência,	μακροθυμία (makrothumia)	paciência, longanimidade	de makros e thumos
gentileza,	χρηστότης (chrēstotēs)	bondade, excelência, retidão	de chréstos
bondade,	ἀγαθωσύνη (agathōsunē)	bondade	de agatos
fidelidade,	πίστις (pistis)	fé, fidelidade	de peithó

gentileza,	πραΰτης (prautēs)	gentileza	de praus
auto-controle;	ἐγκράτεια (enkrateia)	maestria, autocontrole	de egkratés
contra	κατὰ (kata)	para baixo, contra, de acordo com	preposição de origem incerta
tais coisas	τοιούτων (toioutōn)	tal como este, tal	de toios (tal, such-like) e houtos,
não há	οὐκ (ouk)	não, não	um primo. palavra
lei.	νόμος (nomos)	aquilo que é atribuído, daí uso, lei	de nemó (para parcelar)

Em algumas versões[2]:

KJV King James em Português	Entretanto, o fruto do Espírito é: amor, alegria, paz, paciência, benignidade, bondade, fidelidade, mansidão e domínio próprio. Contra essas virtudes não há Lei. (Gl 5.22-23).
JFAC João Ferreira de Almeida Corrigida	Mas o fruto do Espírito é: caridade, gozo, paz, longanimidade, benignidade, bondade, fé, mansidão, temperança. (Gl 5.22).
JFAA João Ferreira de Almeida Atualizada	Mas o fruto do Espírito é: amor, alegria, paz, longanimidade, benignidade, bondade, fidelidade, mansidão, domínio próprio. Contra estas coisas não há lei. (Gl 5.22-23).

Repare que nas versões KJV em português e JFAA, as chamadas características do fruto não se concluem no verso 22 e sim no verso 23. Para efeitos de continuação do comentário, utilizarei a versão JFAC, onde todo o Fruto se encontra no verso 22 do capítulo 5 de Gálatas.

Significado em português:

Tradução Literal	Grego	Português
Mas a fruta	καρπὸς (karpos)	Fruta é um termo, sem valor botânico, que se refere a um fruto ou pseudofruto que apresenta sabor adocicado, aroma característico e, geralmente, é rico em suco.
do Espírito	πνεύματος (pneumatos)	1. Substantivo masculino, a parte imaterial do ser humano; alma. 2. Religião, ser supremo; divindade. Inicial maiúscula: Espirito Santo.
é amor,	ἀγάπη (ágape)	Amor: Substantivo masculino: 1. Forte afeição por outra pessoa, nascida de laços de consanguinidade ou de relações sociais. 2. Atração baseada no desejo sexual. Ágape: Substantivo de dois gêneros 1. HISTÓRIA DA RELIGIÃO: festa dos primitivos cristãos que

		consistia em uma refeição comum com a qual era celebrado o rito eucarístico. 2. POR EXTENSÃO: banquete ou almoço de confraternização por motivos diversos (sociais, políticos etc.). Amor Ágape: O amor Ágape é o amor de Deus. Não se refere a qualquer tipo de amor, como o cantado em músicas ou declarado em poemas chegando até ser confundido com a paixão e com outros sentimentos. O amor de Deus é diferente do amor do mundo, pois ele é sacrificial, abnegado e incondicional.
alegria,	χαρὰ (chara)	Substantivo feminino: 1. Estado de viva satisfação, de vivo contentamento; regozijo, júbilo, prazer. 2. Acontecimento feliz.
Paz,	εἰρήνη (eirēnē)	Substantivo feminino: 1. Relação entre pessoas que não estão em conflito; acordo, concórdia. 2. Relação tranquila entre cidadãos; ausência de problemas, de violência.
paciência,	μακροθυμία (makrothumia)	Substantivo feminino: 1. Qualidade do que é paciente. Paciente: Adjetivo de dois gêneros: 1. Que tem paciência ('virtude'); sereno, conformado.

		2. Que sabe esperar; calmo.
gentileza,	χρηστότης (chrēstotēs)	Substantivo feminino: 1. Qualidade ou caráter de gentil. 2. Ação nobre, distinta ou amável.
bondade,	ἀγαθωσύνη (agathōsunē)	Substantivo feminino: 1. Qualidade de quem tem alma nobre e generosa e é naturalmente inclinado a fazer o bem; benevolência, benignidade, magnanimidade. 2. Ação que reflete essa qualidade.
fidelidade,	πίστις (pistis)	Substantivo feminino: 1. Característica do que é fiel, do que demonstra zelo, respeito por alguém ou algo; lealdade. 2. Constância nos compromissos assumidos com outrem.
gentileza,	πραΰτης (prautēs)	Substantivo feminino: 1. Qualidade ou caráter de gentil. 2. Ação nobre, distinta ou amável.
auto-controle;	ἐγκράτεια (enkrateia)	Substantivo masculino: 1. Controle sobre si mesmo; autodomínio, comedimento, equilíbrio.
contra	κατὰ (kata)	Preposição: 1. Em oposição direta a; em combate a. 2. Em movimento contrário a,

		hostil e impetuosamente.
tais coisas	τοιούτων (toioutōn)	Tais: Estas, aquelas, isto, aquilo, este, aquele, indicação do que ou de quem. Coisas: Substantivo feminino: 1. Tudo o que existe ou possa existir, de natureza corpórea ou incorpórea. 2. Qualquer ser inanimado.
não há	οὐκ (ouk)	Não: Negação. Há: Verbo haver.
lei.	νόμος (nomos)	Substantivo feminino: 1. Regra categórica. 2. Regra, prescrição escrita que emana da autoridade soberana de uma dada sociedade e impõe a todos os indivíduos a obrigação de submeter-se a ela sob pena de sanções.

Contexto

1. Textual:

Gálatas 5.22 (23) está(ão) inserido(s) na Carta do Apóstolo Paulo escrevendo aos Gálatas, em um capítulo composto de 26 (vinte e seis) versículos. Estes versículos estão ligados aos temas "Liberdade em Cristo", nos primeiros 15 (quinze) versículos e

"Andar no Espírito" nos demais versículos, incluindo o(s) alvos de nosso estudo.

O apóstolo Paulo, ao tratar do tema "Andar no Espírito", aponta:

5.16 – Mortifica-se a carne andando em Espírito;

5.17 – Há uma luta constante entre carne e Espírito;

5.18 – Quem está no Espírito, portanto liberto, não está sob a lei, ou seja, não é réu de juízo;

5.19-21 – A lista das obras da carne;

5.22 (JFARC 1995) – O Fruto do Espírito;

5.23 – Reitera-se 5.18 aos que adotam o Fruto do Espírito;

5.24 – O legado da cruz de Cristo se repete em cada crente;

5.25 – Viver e andar no Espírito;

5.26 – Viver com humildade, amor e desapego.

2. Histórico-Cultural:

Segundo a Bíblia de Estudo Pentecostal, editada pela CPAD em texto de 1995:

"Paulo escreveu esta epístola (1.1; 5.2; 6.11) "às igrejas da Galácia" (1.2). As autoridades no assunto declaram que os gálatas eram gauleses oriundos do Norte da Galácia e que, mais tarde, parte deles

emigrou para o Sul da Europa, de cujo território a França de hoje faz parte. É muito mais provável que Paulo haja escrito esta epístola às igrejas do Sul da província da Galácia (Antioquia da Pisídia, Icônio, Listra, Derbe), onde ele e Barnabé evangelizaram e estabeleceram igrejas durante sua primeira viagem missionária (At 13,14). A data mais provável da carta situa-se logo após o regresso de Paulo à igreja que o enviou – Antioquia da Síria, e pouco antes do Concílio de Jerusalém (At 15).

"As igrejas da Galácia estavam formadas em parte por judeus convertidos, e em parte por gentios convertidos, como era o caso da Igreja em geral. Paulo afirma o seu caráter apostólico, e as doutrinas que ensinou para confirmar as igrejas da Galácia na fé em Cristo, especialmente naquilo que diz respeito ao importante ponto da justificação que é somente alcançada pela fé. Deste modo, o tema é principalmente o mesmo discutido na Epístola aos Romanos, isto é, da justificação somente pela fé.

"O assunto principal de Gálatas é o mesmo debatido e resolvido em Jerusalém (c. de 49 d.C.; cf. At 15). Tal assunto implica uma dupla pergunta:

(1) A fé em Jesus Cristo como Senhor e Salvador é o requisito único para a salvação?

(2) É necessário obedecer a certas práticas e leis judaicas do AT para se obter a salvação em Cristo? Talvez Paulo haja escrito Gálatas antes da controvérsia da lei, na Assembleia de Jerusalém (At 15), e antes de a igreja comunicar a sua posição final. Se assim foi, então Gálatas é a primeira epístola que Paulo escreveu.

"Contudo, nesta epístola dirige-se a atenção em particular ao ponto em que os homens são justificados pela fé, sem as obras da lei de Moisés. Sobre a importância das doutrinas estabelecidas com destaque nesta epístola, Lutero diz:

"Temos que temer como o maior perigo, e como o perigo mais próximo, que Satanás retire de nós esta doutrina da fé e tome a trazer à Igreja a doutrina das obras e das tradições dos homens. Daí a necessidade de que esta doutrina seja mantida em prática contínua e exercida em público, tanto na forma de leitura como através do ouvir. Se esta doutrina se perder, então se perderam a doutrina da verdade, da vida e da salvação"."

A data da escrita desta Carta se aproxima de 49 d.C, e ela fala da "Salvação Pela Graça Mediante a Fé".

3. Antropológico:

O homem natural está separado de Deus! Esta conclusão é óbvia quando comparamos o que sabemos de Deus pelas Sagradas Escrituras, e dos seres humanos, considerando suas escolhas de vida.

Quanto mais atentamos para a vida humana e suas vicissitudes, o seu dia-a-dia, mais facilmente concluímos que o conselho de Isaías, apesar de extremamente necessário, não está sendo seguido por muitos. Refiro-me ao texto de Isaías 55.6:

"Buscai ao SENHOR enquanto se pode achar, invocai-o enquanto está perto."

Refiro-me ainda a infeliz realidade que comprova que muitos ainda não acharam ao Senhor, relatada pelo mesmo Isaías:

"Mas as vossas iniqüidades fazem divisão entre vós e o vosso Deus, e os vossos pecados encobrem o seu rosto de vós, para que vos não ouça."

Isaías 59.2

Dizem alguns que 'as virtudes estão presentes nos seres humanos, independente de Deus'... Ledo engano!

É possível observar que cada ser humano possui traços das características do Fruto do Espírito, características estas, obviamente advindas da Criação cuja autoria pertence a Deus, no Éden, que nos fez Sua imagem e conforme a Sua semelhança. No fechamento da Criação, aliás, após a Trindade de Deus ter feito o homem, a Bíblia declara em Gn 1.31 que *"... viu Deus tudo quanto tinha feito, e eis que era muito bom; e foi a tarde e a manhã: o dia sexto."*.

Nem a Criação de um modo geral, nem a humanidade permaneceram boas quando, na entrada do pecado no mundo, fizeram-se presentes o pecado, a grande e infeliz novidade que gerou a corrupção do gênero humano (Gn 6), tanto física, em seu genótipo cada vez mais debilitado que se demonstra fenotipicamente através de doenças, de más formações e até mortes precoces, quanto moralmente, onde justamente atua o Fruto do Espírito, quer seja, na moralidade e virtudes cristãs, sem falar do ambiente e a maldição que gerou a necessidade de

Novo Céu e Nova Terra, como mencionado no Livro do Apocalipse 21.1.

Diante disso, o que era *todo*, humanidade e planeta próximos de Deus em plena e boa convivência livre, se tornou *parte*: apresentação mediada por sacrifícios, por invocação, convivência praticamente inexistente se comparada com a de Adão e Eva antes do pecado, e fatalidades como a morte não só para quem visse (do verbo ver) a Deus (Êx 33.20), mas também a morte física por velhice ou qualquer outra coisa mortal que ocorresse, bem como a separação de Deus, a morte espiritual; e essa *parte* cada vez mais corrompida, foi ciclicamente combatida pelo dilúvio, pela destruição de Sodoma e Gomorra, na confusão de línguas, na dispersão dos povos por todo o mundo, pela chamada de Israel como nação santa, reino de sacerdotes, pela adoção de leis, estatutos e decretos oriundos de Deus e, por fim, na Plenitude dos Tempos e desde então, pela mensagem sacerdotal e pela fundação, por Cristo Jesus, da Igreja, pelo Seu sacrifício na cruz, bem como pela ação do Espírito Santo, que não nos deixou órfãos, mas nos consola e nos ensina todas as coisas, Aleluia!

Desde a queda até hoje, portanto, a humanidade que existe alheia a Deus, apesar de apresentar brevemente as características do Fruto do Espírito, segue em uma trajetória rápida para o fundo do poço, já que concluiu ou foi levada pelo sistema mundano operado por satanás e seus demônios a concluir, 'que a fonte do bem são os próprios seres humanos e que Deus é uma criação humana, uma espécie de delírio coletivo'.

Nestes termos, nós, crentes em Cristo, que já vencemos a especulação mundana e demoníaca sobre as virtudes e a moralidade, entendemos que a origem delas, daquelas relatadas em Gálatas 5.22(23) é a Trindade, o próprio Deus e, mais que traços, precisamos, para o bem de nós mesmos e da comunhão com os seres humanos e com o próprio Deus, da presença do Espírito Santo em nós e do Seu fruto, *massificado.*

Entendamos massificar da seguinte maneira (Lc 6.38 - parte):

"(...) ***boa medida, recalcada, sacudida e transbordando*** *(...)".*

Capítulo 02

MENSAGEM 02:

O Fruto do Espírito: Caridade ou Amor

"A caridade nunca falha;"

1 Co 13.8a

ἀγάπη

ágape

amor

Neste texto, iniciaremos a discussão parte a parte, em uma série de 09 (nove) textos alicerçados no Fruto do Espírito Santo, dentre os quais, neste primeiro, trataremos do Amor. Assim, o objetivo aqui será aprofundar nosso entendimento do que é o *Amor* e de como este sentimento se relaciona conosco, entre nós e os que nos cercam e na via de mão dupla vertical humanidade-Deus, Deus-humanidade.

A respeito do Espírito Santo, disse Jesus que não nos deixaria só, mas nos daria outro Consolador (Jo 14.16) e que este outro Consolador nos ensinaria todas as coisas (Jo 14.26). Podemos então crer, com firmeza, que o Espírito Santo é este Consolador Paternal que nos adotaria, consolaria e ensinaria.

Como disse anteriormente, cada ser humano possui traços destas características, obviamente advindas da Criação de Deus, da Trindade de Deus, o que inclui o Espírito Santo, no Éden, que nos fez Sua imagem e conforme a Sua semelhança (Gn 1.26-27); também disse que mais que traços, precisamos, para o bem de nós mesmos e da comunhão com os seres humanos e com Deus, da presença do Espírito de Deus e nós e do Seu Fruto, massificado.

Vamos, então, para a primeira parte, ou característica deste Fruto, o *Amor.*

Dividindo o Fruto em Partes

Parte I – Amor ou Caridade

Segundo o Apóstolo Paulo, "*A caridade é sofredora, é benigna; a caridade não é invejosa; a caridade não trata com leviandade, não se ensoberbece, não se porta com indecência, não busca os seus interesses, não se irrita, não suspeita mal; não folga com a injustiça, mas folga com a verdade; tudo sofre, tudo crê, tudo espera, tudo suporta. A caridade nunca falha; (...); Agora, pois, permanecem a fé, a esperança e a caridade, estas três; mas a maior destas é a caridade."* (1 Co 13.4-8,13).

Diante das palavras do Apóstolo Paulo, analisando o aspecto da comunhão sobre a Terra do presente, entendemos sua preocupação com a convivência entre os cristãos pelas cidades pelas quais passou e fundou igrejas, bem como com seus discípulos, em suas cartas.

Podemos ignorantemente pensar que Paulo teve somente relacionamentos fáceis com discípulos e companheiros de Ministério, mas este pensamento equivocado é debelado pelo texto a seguir:

"Alguns dias depois, disse Paulo a Barnabé: Tornemos a visitar nossos irmãos por todas as cidades em que já anunciamos a palavra do Senhor, para ver como estão. E Barnabé aconselhava que tomassem consigo a João, chamado Marcos. Mas a Paulo parecia razoável que não tomassem consigo aquele que desde a Panfília se tinha apartado deles e não os

acompanhou naquela obra. ***E tal contenda houve entre eles****, que se apartaram um do outro. Barnabé, levando consigo a Marcos, navegou para Chipre. E Paulo, tendo escolhido a Silas, partiu, encomendado pelos irmãos à graça de Deus. E passou pela Síria e Cilícia, confirmando as igrejas."*

Atos dos Apóstolos 15.36-41, grifos meus.

O maior vínculo que alguém deve resguardar, dentre seres humanos tão diferentes uns dos outros, apesar de serem representantes do Reino de Deus e deverem ter tudo em comum (At 2.44), **de fato é o amor,** que é o vínculo da perfeição (Cl 3.14), a melhor e mais importante ferramenta para que seja alcançado relacionamento que, apesar de sofredor, é benigno, se aparta da inveja, da leviandade, da soberba, da indecência, da parcialidade, da irritação, das más suspeitas, da injustiça e traz para si a verdade, ainda que sob o sofrimento, no ambiente da esperança e da resistência.

Amor ou Caridade

A ciência tem afirmado, erroneamente, que o amor é um processo químico. Nada mais enganoso!

O amor é um dom de Deus (2 Co 13.11,13; Cl 1.13) e certamente vemos que, tanto Deus o comunicou a nós na Criação, como o Espírito de Deus nos reforça este dom através de Sua presença em nós, desde que faz morada em nós e pelo Fruto.

A manifestação do amor, para além do vínculo descrito acima, da *perfeição*, também se relaciona com outras duas questões importantes:

a) Pela tradução "caridade", ser caro aos outros, relevante, ou seja, auxiliar nas necessidades físicas, psicológicas e espirituais, ajudar o próximo, seja quem for este próximo, na *comunhão horizontal*;

b) Pela tradução "amor", para além da comunhão horizontal, a *vertical*, que trata da relação com Deus. Segundo as Sagradas Escrituras, o amor a Deus é materializado através da posse das leis, dos seus mandamentos e estatutos da sua guarda (Jo 14.21).

Assim sendo, a compreensão de Deus para o amor está ligado a um serviço de obediência e prática daquilo que Ele ensinou a fazer, bem como a abstenção daquilo que Ele reprova.

Neste contexto, nos é dito que a amizade com Deus, ou seja, a manifestação pública de Sua Palavra é contrária a amizade com o mundo, o mundanismo e suas práticas.

Amores Ilícitos

O mundanismo busca confundir o que é *amor* na mente humana! Não é raro ouvirmos da boca das pessoas que:

'o amor é livre',

'Deus abençoa todas as formas de amor',

'não há nada proibido quando o assunto é amor', sempre tratando amor como meio de obtenção de prazer sexual.

Para entender este engano e corrigí-lo, precisamos partir do princípio que Deus criou todas as coisas, inclusive o prazer sexual, mas o legou ao matrimônio, ou seja, durante o casamento e somente ao casal, sem a participação de terceiros.

Torna-se importante dizer isto já que, convenientemente, o *maligno* usa a deturpação da Palavra de Deus como meio de enraizar dentre a humanidade ensinos enviesados, desprovidos da verdade plena, mas com pequena e suportável dose de verdade misturada com muita mentira e engano, para laçar, fazer com que caiam no *laço do passarinheiro* (Sl 91.3), através de falsas doutrinas e ensinamentos.

Neste contexto, o prazer sexual lícito, portanto, deve ser reservado para o casal, casado à luz da vontade de Deus, devidamente casado como admitido na Igreja Local, o que inclui o casamento na forma da Lei. Não cabe, aqui, a flexibilização e muito menos a adoção de práticas antibíblicas, já que nesta obra estou me dirigindo a crentes!

Vocês poderiam 'se perguntar' ou dizer que 'no mundo sem Deus casam-se também', 'entregam-se os corpos uns ao outros para a relação sexual'.

Vejam:

Os comportamentos mundanos, profanos e desprovidos de santidade cometidos por pessoas não cristãs são somente objetos de maior condenação a eles, enquanto não se entregam a Jesus. O que estou dizendo, portanto, aos cristãos é que não andamos e nem vivemos na carne (ou não devemos andar nem viver), mas os que estão fora do Reino de Deus, sim, andam e vivem na carne.

Formas ou Tipos de Amor

O site:

https://www.psicanaliseclinica.com/tipos-de-amor/, que foi consultado por mim em 18 de Junho de 2022 às 19:02h, traz uma perspectiva interessante sobre o amor:

"Tipos de amor: definição e diferenças dos quatro amores

(...)

"Existem tipos de amor! A palavra amor é uma das mais utilizadas entre os seres humanos, e talvez uma das mais importantes. As pessoas nomeiam muitas coisas de amor: o ato sexual, o sentimento dos enamorados, o cuidado com os filhos, o cuidado com os pets, a relação com Deus.

"Tipos de amor e a obra de Lewis

"No livro de C.S. Lewis "The Four Loves" ou traduzindo "Os quatro amores", o escritor explora a natureza do amor na perspectiva cristã. Na obra, Lewis explica das naturezas mais básicas do amor até as mais complicadas, baseadas nas quatro palavras gregas para o amor: ***storge, philia, eros e ágape.***

"Ao analisar o dito ***amor storge (amor fraternal e familiar)****, observa-se que, esse tipo de*

relacionamento tem um pressuposto de sentimento pré-fabricado, os pais em algum momento conceberam aquela criança (fruto do seu amor/ sexo), logo, esse filho foi previamente desejado, esperado e idealizado desde a gestação uterina.

"Esse tipo de amor surge naturalmente, e independente do que os pais ou os filhos façam (atitudes de desprezo ou violência), dificilmente esse amor se quebra, existe uma forte tendência ao perdão e a superação de conflitos.

"Tipos de amor e graus de parentesco

"Não é incomum encontrar mães em filas de presídios, levando coisas para os filhos, surge daí a expressão de que "mãe vai até no inferno atrás do filho". Outros graus de parentesco como tios, avós, e primos, carregam essa característica de amor natural, primos tendem a serem melhores amigos ***(amor philia)****, por ter laço sanguíneo e porque na maioria das vezes passaram bons momentos juntos na infância.*

*"****Storge*** *tem tendências a se tornar* ***philia****, mas se tornar-se* ***Eros*** *estaríamos diante de uma relação de incesto.* ***O amor philia (amor de amigos)****, é aquela afeição que surge na jornada da vida, amigos*

do bairro que brincaram juntos na infância, amigos de colégio, ou na universidade. Esse tipo de amizade surge normalmente entre pessoas que compartilham de interesses de vida em comum: clube dos motoqueiros, clube do vinho, grupos de igreja e no trabalho por exemplo.

"Muitas profissões como médicos, enfermeiros e professores, que passam longas jornadas juntos durante o trabalho, acabam fazendo muitos colegas de trabalho e de profissão, e desenvolvem laços mais profundos com alguns, criando assim alguns amigos verdadeiros ao longo da vida. Esse amor pode às vezes acabar se transformando em ***amor Eros****, relacionamentos amorosos podem surgir de boas amizades.*

"O Amor romântico

*"**Eros, está relacionado com a sexualidade e seus desdobramentos**. É aquele amor de atração física, desejo sexual, e coração acelerado. A priori surge também de uma idealização (paixão), com o passar dos anos, quando aparecem os defeitos, existem então duas opções, a primeira é o rompimento da relação, por não suportar mais o outro, outra opção*

seria uma análise madura de que os defeitos do outro são suportáveis, então, sobrevive esse relacionamento.

"Talvez essa seja uma definição interessante entre gostar e amar. Em uma "escala" de amor, primeiro sente-se atraído, começa a gostar, sentir afeição, e se esse relacionamento perdura vira amor. Por último, ***o amor ágape (amor incondicional/divino)****, é considerado por Lewis* ***o mais importante dos amores, e uma virtude cristã.***

"Naturalmente por ter sido um apologeta cristão, Lewis descreve que ***todos os amores emanam desse "amor maior"****, que por ser incondicional é um amor de sacrifício, desinteressado, capaz de inclusive dar a vida no lugar de quem se ama como fez o líder cristão Jesus Cristo. (...)".* Grifos meus.

Há alguma diferença entre esses sentimentos? Será que existe diferença de intensidade: amar mais, ou amar menos, ou apenas gostar? Existiria uma diferença entre gostar e amar? Qual seria o contrário do amor?

Como vimos no texto acima, e concordo com C.S. Lewis, sim! De fato, cada modalidade destas quatro apresentadas sofre variação de indivíduo a indivíduo, assim como há flagrante diferença entre gostar e amar. Aliás, podemos chegar à conclusão de que devemos amar a todos, mas não necessariamente precisamos gostar de todos.

Gostar tem relação com características pessoais às quais mesmo não sendo necessariamente pecaminosas, nos causam proximidade ou repulsa, como hábitos de higiene, opinião política, procedimentos na execução de tarefas, gosto por alimentos e temperos. Portanto, gostar é condicional.

Amar, por outro lado, independe do que se faz ou pensa, é completamente incondicional quando se trata de amor *storge, philia e ágape.* O único *amor* ao qual cabe escolha é o amor *eros*, já que obviamente se dá entre o casal, os quais indivíduos escolheram-se mutuamente, isto em se tratando de culturas livres. Lembremos que há casais cujos cônjuges são escolhidos por terceiros em algumas culturas.

Uma nota sobre 'o contrário do amor'

Comumente assumimos que o contrário do amor é o *ódio*... Novidade: isto é um erro! A atitude contraria ao amor é o desamor, a falta de amor.

Agindo com desamor, faremos tudo de forma átona ou indiferente ao amor ou até contrária a este.

O *ódio* é uma ferramenta que pode ser aplicada pelo cristão, por exemplo, contra o pecado e a maldade (Sl 97.10), mas nunca contra o próximo (Mt 5.22). Deus, a fonte de tudo que é bom (Tg 1.17), odeia o divórcio e a violência (Ml 2.16), por exemplo, contudo, Deus é amor (I Jo 4.16).

O que dizer, então, de Provérbios 6.16-19:

"Estas seis coisas aborrecem o SENHOR, e a sétima a sua alma abomina: olhos altivos, e língua mentirosa, e mãos que derramam sangue inocente, e coração que maquina pensamentos viciosos, e pés que se apressam a correr para o mal, e testemunha falsa que profere mentiras, e o que semeia contendas entre irmãos."

O Amor Para Com O Cônjuge

Aqui eu aconselho duas leituras:

1. Cantares de Salomão;
2. O Livro "As Cinco Linguagens do Amor", de Gary Chapman.

Assunto complexo, o amor conjugal dificilmente poderia ser discutido em um ou dois parágrafos, bem como sua análise e meditação sobre o tema demandam mais tempo do que nos permite o presente texto. Mas adianto: boa jornada para você!

Quem sabe em outra obra possa tratar disto?!

O Amor Como Dom no Batismo com o Espírito Santo

Sabemos que os dons advindos do Batismo com o Espírito Santo iniciados em Atos 2 são a expressão mais excelente deles, que se constituem em revestimento de poder para o bom desempenho da fé em Cristo, para além da convivência normal do crente.

Sabemos que o Espírito Santo reparte estes dons como quer, o que quer dizer que nem todos os batizados recebem o mesmo dom e, assim sendo, nem todos recebem o dom do amor. Porém, em recebendo, como podemos identificar este dom? De fato, a operação deste dom traz inequívoca aplicação daquilo que Paulo menciona em 1 Co 13.4-8,13. Não se tratará de eventualidade, mas de uma vida pautada pelo amor profundo por Deus, pelo próximo cristão, pelo próximo não cristão, pela vida em Cristo, pelos amigos, pelos inimigos carnais (aqueles que se declaram inimigos) e pelo ódio visceral contra o pecado e o diabo. Parece contrassenso esta última parte, do ódio? Vamos mudar de palavra: repulsa, separação, inimizade, desapego constantes.

Capítulo 03

MENSAGEM 03:

O Fruto do Espírito: Gozo ou Alegria

"Cântico dos degraus, de Davi Alegrei-me quando me disseram: Vamos à Casa do SENHOR!"

Sl 122.1

χαρὰ

chara

alegria

No texto anterior tratamos da Caridade ou Amor. Neste segundo texto, alicerçado no Fruto do Espírito Santo, trataremos do Gozo ou Alegria. Assim, o objetivo aqui será aprofundar nosso entendimento do que é a alegria e de como este sentimento se relaciona conosco, entre nós e os que nos cercam e na via de mão dupla vertical humanidade-Deus, Deus-humanidade, assim como no texto anterior.

O Salmo 16, em seu versículo 11 nos diz:

"Far-me-ás ver a vereda da vida; na tua presença há abundância de alegrias; à tua mão direita há delícias perpetuamente."

A afirmação do salmista, neste caso o Rei Davi, assim como no texto de abertura deste capítulo, diz muito sobre a relação entre o homem e Deus.

Quando alicerçada no temor, tremor e obediência amorosa, a relação do homem para com Deus lhe atribui alegria, como naquela vista no batismo de Jesus, onde vemos a voz do Deus Pai bradar: "Este é o meu filho amado em quem me comprazo!" (Mt 3.17, 17.5, Mc 1.11) e o que esta relação gera na vida deste homem: "*abundância de alegrias*" e "*delícias*" perpétuas "*à tua mão direita.*".

Isto nos dá a entender, diretamente, que o homem que se encontra na presença de Deus é feliz, é alguém que já é beneficiado somente por estar diante de Deus, favorecido, independente de receber de Deus quaisquer outras coisas, mas obviamente receberá, pois, estando na presença de Deus certamente o tem alegrado e, como afirmam as Sagradas Escrituras, *"(...) a alegria do Senhor é a vossa força."* (Neemias 8:10 – parte final).

É inegável o entendimento de que Jesus trouxe alegria, somente pela sua maravilhosa presença entre nós! Os exemplos bíblicos começam com um bebê ainda não nascido, João Batista, que salta no ventre de sua mãe, Isabel, diante da presença do Filho de Deus, na mesma circunstancia, no ventre de Maria (Lc 1.41,42), mas também podem ser vistos no Antigo Testamento, quando o Anjo do Senhor (aquele anjo que recebia adoração e, portanto, não podia ser um anjo, na verdade, mas é identificado como aparição teofânica de Jesus, como relato no livro de minha autoria: *Reflexões Sobre o Deus da Bíblia e Sua Relação com a Humanidade*) livrou Hananias, (Sadraque), a Misael (Mesaque), e a Azarias, (Abede-Nego) e, como no relato de Nabucodonosor, "passeavam" no fogo (Dn 3.25).

O outro contexto do verso 11 do Salmo 16 já está se tratando do meio para se achegar a Deus, Jesus, e do 'fim' daqueles que o fazem. Dizem as Sagradas Escrituras em At 4.12 que *"... em nenhum outro há salvação, porque também debaixo do céu nenhum outro nome há, dado entre os homens, pelo qual devamos ser salvos."* Já em Ap 21.4, é mencionado que *"... Deus limpará de seus olhos toda lágrima, e não haverá mais morte, nem pranto, nem clamor, nem dor, porque já as primeiras coisas são passadas."*. Trata-se de grandiosos e maravilhosos livramento e promessas! Glória a Deus!

Aqueles que se aproximam da mão direita, da destra de Deus, de Jesus, acessarão perpetuamente estas delícias. Veja que nos versos anteriores, 09 e 10 deste mesmo salmo, está dito que (grifos meus):

*"Portanto, está **alegre** o meu coração e **se regozija** a minha glória; também a minha carne repousará segura. Pois não deixarás a minha alma no inferno, nem permitirás que o teu Santo veja corrupção."*

Isto nos lembra, também, de nossa tripartição corpo, alma e espírito, e nos assevera que todos eles, no Senhor, estarão resguardados do último estado, diferente daqueles que não encontrarem O Salvador, lembrando que as expressões *à tua mão direita*, ou *destra de Deus* referem-se a Jesus Cristo e sua posição honrada diante do Deus Pai (At 2.33, Cl 3.1, Hb 10.12, Ap 1.17 e mais 11 ocorrências, dentre outros e paralelismos dos Antigo e Novo Testamentos).

Dividindo o Fruto em Partes

Parte II - Gozo ou Alegria

Gozar, neste contexto, é ter acesso, participar, estar presente e compartilhar da presença de Deus e das alegrias que esta presença traz.

Lembremo-nos de Adão para entender isto com mais clareza: antes do pecado que os fez expulsar do Éden, Adão e Eva podiam ter o prazer, gozar, portanto, da presença de Deus e das suas conversas e passeio na "*viração do dia*" (Gn 3.8), livres de quaisquer imputações de pecado e vivendo sem quaisquer pesos gerados pelo conhecimento do bem e do mal e do pecado que lhes foi enxertado pela desobediência mediada pela tentação de satanás. Eles, Adão e Eva, acessavam o melhor que o Éden e a presença de Deus podia lhes fornecer, as delícias que sem o pecado lhes seriam perpétuas, mas, que por ocasião de suas desobediências, perderam!

Gozo ou Alegria

Não há uma escolha aqui, a fazer! Ambos, gozo e alegria são interligados (Sl 16.11) sinonimicamente e alcançáveis por aquele que veio ao mundo para sanar a chaga do pecado, nos concedendo livre acesso ao Pai (Mt 27.51; Mc 15.38; Lc 23.45) e restaurando, o que para nossa melhor compreensão divido em etapas determináveis, aquela relação de resgate a qual Deus determinara desde Adão e Eva e planejou para ter com todos nós:

- *1ª etapa:* Leis como aio, conduzindo a Cristo (Gl 3.24);

- *2ª etapa:* A vinda, em si, de Jesus Cristo, o Deus Filho, esvaziado de Sua glória, para convivência com a carne (Fp 2.7-8) sem pecado (Hb 4.15) ou mácula, como Justo a se entregar pelos Injustos (Rm 5);

- *3ª Etapa:* Sua vida, por 30 anos, sem pecado, provando a possibilidade disto;

- *4ª Etapa:* O Ministério Sacerdotal de Cristo (Os quatro Evangelhos);

- *5ª Etapa:* Sua morte na cruz (Mt 27.46,50), a ação aos espíritos em prisão (1 Pe 3.19) e Sua ressurreição em três dias (Mt 28.1,6).

Vencidas estas cinco etapas agora nos resta, como diz Isaias, dar crédito à pregação e, como na música, ser "feliz de vez":

"Abra a porta e deixe entrar
Corra o risco de ser feliz de vez
Não é insensatez, Ele é o teu Criador"

(Trecho da música "Feliz de Vez", composta por Ary Menezes e pela cantora Fernanda Brum, álbum de mesmo nome, lançado em 1994, MK Music, conforme Google 17:46 de 15/07/2022).

Ao entendermos que o pecado faz separação entre nós e nosso Deus (Is 59.2) e que esta separação é o motivo para que o nosso gozo ou alegria não sejam à semelhança do que Deus criou para nós, vem Cristo, na Plenitude dos Tempos (Gl 4.4) e cumpre em nosso lugar a sentença definitiva da separação causada pelo pecado, ou seja, a morte pelo pecado, restabelecendo a vida com Deus (Rm 6.23), leia-se proximidade, a todo aquele que nEle crê (Jo 3.16), sendo Jesus a ponte, **o único** caminho que restaura nosso acesso e nossa comunhão com Deus (Jo 14.6).

Mas e o Espírito Santo?

Você deve se lembrar que em capítulo anterior (caso não lembre é só relê-lo), está dito que a respeito do Espírito Santo, disse Jesus, que não nos deixaria só, nos daria outro Consolador (Jo 14.16) e que este nos ensinaria todas as coisas (Jo 14.26). Como disse antes, (...) cada ser humano possui traços destas características, obviamente advindas da Criação operada por Deus, da Trindade de Deus, o que inclui o Espírito Santo, no Éden, que nos fez Sua Imagem e Conforme a Sua Semelhança (Gn 1.26-27).

Ora, da mesma maneira que as demais características, sabemos o que é *gozo* ou *alegria* porque a trindade de Deus *lhas* comunicou na Criação e, portanto fazem parte de nossa natureza, ainda que de forma fragmentar. Isto explica porque todos, de alguma forma gozamos ou sabemos o que é gozar de coisas prazerosas, mas lhes afirmo, a plenitude da alegria está na presença de Deus, em sermos abrigo do Espírito Santo. Considere:

1) *Apenas pela natureza humana, sem Deus*, vivemos momentos de alegria entremeados por momentos de tristeza, em um mundo que confunde alegria com libertinagem e destruição

do corpo, assemelhando-nos aos gnósticos dos tempos bíblicos, que almejavam ter seus espíritos liberados de seus corpos para viver, enfim, a vida espiritual.

O problema, neste caso, é que vida libertina desqualifica-nos pelo padrão da santidade e, vida agressiva ao corpo assemelha-se a suicídio, ambos apontando para uma vida terrena separada de Deus e que, como quem planta vento e colhe tempestade, o destino final na vida espiritual deste não será em Deus!

2) *A reconstrução de uma vida verdadeiramente alegre,* com a promessa de gozo perpétuo depende do convencimento do homem de que o que ele está vivendo sem Deus não é gozo, mas um fragmento desse, deturpado pelo mundo, que associa gozo ao pecado e a coisas efêmeras, não duradouras, como por exemplo:

   a) *Formar* uma família ou se relacionar com pessoas apenas por critérios humanos ligados a sexo e convivência, sem associar este relacionamento à vontade de Deus;

b) *Adquirir* bens como um celular novo, um carro, casa, comida e bebida.

Este convencimento não é fácil, não se trata de convencimento puramente intelectual, mas de um convencimento que reúne as sedes mentais e espirituais para a escolha mais importante da vida: **Aceitar a Jesus como único e suficiente salvador!**

Por isso o Deus Pai não o legou a nós, cristãos que já foram convencidos e convertidos, mas ao *Deus Espirito Santo*, que convence aos homens do pecado, da justiça e do juízo (Jo 16.8-11), através da pregação da palavra, mas isto é assunto para outra característica do Espírito do qual falaremos em breve, **a fé**!

3) *A vida perpétua em delícias,* o estado final daquele que crê, se tornando em vida morada do Espírito (1 Co 6.19), que não verá, no céu, mas qualquer sofrimento (Ap 7.17, 21.4), mas

estará eternamente na presença de Deus, sendo este seu eterno sol (Ap 22.5), vivendo num local que não precisará dormir porque não cansará (Is 40.31), fazer dieta, tomar medicamentos ou sentir saudades de alguém, cair e se machucar ou quebrar um osso, ver entes falecerem por doenças terríveis como o câncer ou tantas outras moléstias (Ap 22.2) ou ainda ataques de animais selvagens...
Sim, isto é promessa ao que crê em Cristo!

Será somente no Céu?

Não! Repare que o texto de 1 Coríntios 6.9 afirma que aquele que crê é (tempo presente), morada do Espírito! Neste contexto podemos declarar que já agora participamos do Reino de Deus e ainda que de forma limitada, nossa comunhão está restaurada com Deus e aprendendo a Sua Vontade, podemos dia a dia e cada vez mais, em a pondo em prática, vivenciar o melhor de Deus dentro dos limites aqui possíveis.

Não me entenda mal: não estou dizendo que Deus é limitado! Mas mesmo participante de Seu Reino aqui na Terra, é obvio que o ápice de maravilhas e delícias advindas de Sua presença em nós e nós na dEle só serão devidamente conhecidas e vivenciadas no céu. É disso que se trata a *bendita esperança*!

Paulo afirma que da mesma maneira que somos conhecidos, conheceremos (1 Co 13.12) e a Moisés foi dito que aquilo que está oculto pertence a Deus (Dt 29.29).

Sendo mais claro e concluindo: o homem precisa de Deus para ser de fato alegre, para de fato gozar o melhor e o alcançar desta alegria passa por estar salvo pela sua Destra, Jesus!

Capítulo 04

MENSAGEM 04:

O Fruto do Espírito: Paz

"Deixo-vos a paz, a minha paz vos dou; não vo-la dou como o mundo a dá. Não se turbe o vosso coração, nem se atemorize."

Jo 14.27

εἰρήνη

eirēnē

paz

No texto anterior tratamos do Gozo ou Alegria. Neste texto, alicerçado no Fruto do Espírito Santo, trataremos da verdadeira *Paz*. Assim, o objetivo aqui será aprofundar nosso entendimento do que é a *Paz* e de como este sentimento se relaciona conosco, entre nós e os que nos cercam e na via de mão dupla vertical humanidade-Deus, Deus-humanidade, assim como no texto anterior.

Repararam o verso de abertura deste capítulo, João 14.27? Não me peçam para dissertar sobre ele que eu precisaria de milhares de páginas para fazê-lo... Mas, de forma sintética (e também porque este verso voltará a ser assunto mais adiante), posso lhes afirmar com todas as letras:

Paz real, só em Jesus!

As Assembleias de Deus trazem, em seu hinário oficial, a Harpa Cristã, o Hino de nº 178, denominado Gloriosa Paz que, em seu refrão nos assevera na forma de cântico:

"Paz, paz, gloriosa paz
Paz, paz, perfeita paz
Desde que Cristo minh'alma salvou
Tenho doce paz!".

(Gloriosa Paz – Tradução/Composição de Paulo Leivas Macalão - Harpa Cristã. CPAD – Casa Publicadora das Assembleias de Deus).

O hino, que é de autoria de Paulo Leivas Macalão, pastor e fundador do Ministério de

Madureira (das Assembleias de Deus) não poderia estar mais certo!

O Conceito Humano de Paz

Paz é um conceito que, para o entendimento secular, diz-se que daquele tempo em que há ausência de guerra, é claro, querendo dizer respeito a quando não há conflito armado interno, as guerras civis, ou externos, como as guerras entre países vizinhos ou quando há várias nações envolvidas, em escala global, como foram as Primeira e Segunda Guerras Mundiais.

Paz Bíblica

Gostaria, contudo, de te convidar a pensar um pouco mais profundamente no que pode ou deve ser considerado paz.

Jesus, sempre com discursos fortes, a respeito da paz declarou:

"Não cuideis que vim trazer a paz à terra; não vim trazer paz, mas espada;"

Mateus 10.34

"Deixo-vos a paz, a minha paz vos dou; não vo-la dou

como o mundo a dá. Não se turbe o vosso coração, nem se atemorize.”

João 14.27

Os dois versos acima, se tomados sem contexto, podem aparentar certo antagonismo, discrepância ou como o secularismo gosta de chamar, *contradição*!

Mas quando retornamos ao contexto dos textos, de como eles foram expostos e das sequências hermenêuticas de cada um, compreendemos, se cristaliza mais nosso entendimento, o que é paz e o que é falta dela.

Vejamos:

1. *Em Mt 10.34,* Jesus acabara de convocar os 12 (doze) apóstolos e os encaminhar ao que se convencionou chamar de **A Grande Comissão** e os estava explicando quão difícil coisa é ir ao mundo e pregar o Evangelho a toda criatura (Mc 16.15), o que inclui até mesmo dificuldades dentro da própria família.

O próprio Jesus parece ter sido alvo deste problema quando, em Caná da Galiléia é instado por sua mãe a fazer um milagre em um tempo inadequado (Jo 2.4) e mesmo cercado de uma multidão, Jesus não podia contar, dentre a plateia, com sua mãe e seus irmãos dentre aqueles que O ouviam (Mt 12.46-50).

2. *Em Jo 14.27,* Jesus acabara de se identificar como sendo O Caminho, A Verdade e A vida, único meio de se achegar ao Pai (Jo 14.6), comunicara sua partida e prometera que aquela comunidade, Sua Igreja, não ficaria órfã no mundo, mas teríamos um outro Consolador que além de consolar (Jo 14.16), nos ensinaria TODAS AS COISAS! (Jo 14.26).

Portanto, a *Paz* aqui seria alcançada por aquele que, em Seu Nome, se reaproximasse do Pai, tendo desvencilhada de si a condenação eterna e gozando do benefício da Alegria da presença de Deus em sua vida (vide capítulo anterior), pois como dito nas Sagradas Escrituras:

"(...) a alegria do Senhor é a vossa força."

(Neemias 8:10 – parte final).

Dividindo o Fruto em Partes

Parte III – Paz

Não querendo me tornar repetitivo, mas como disse em texto anterior conforme você deve se lembrar, cada ser humano possui traços destas características, obviamente advindas da Criação operada por Deus, da Trindade de Deus, o que inclui o Espírito Santo, no Éden, que nos fez Sua Imagem e Conforme a Sua Semelhança (Gn 1.26-27).

Assim como as demais características, sabemos o que é *paz* porque a Trindade de Deus lhas comunicou na Criação e, portanto fazem parte de nossa natureza, ainda que de forma fragmentar.

Isto explica nossa experimentação ao evento e sentimento de *paz*, mas expõe também a necessidade de termos 'algo' que a torne mais evidente e duradoura neste tempo, enquanto ainda estamos nesta terra que não é terra de descanso (Mq 2.10) e, a julgar pelo fato de que a Terra jaz no Maligno (I Jo 5.19), não nos oferece condição de *paz real*. Aí entra o Espírito Santo!

O Fruto do Espírito Santo aqui, no que diz respeito à *paz*, certamente precisa ser encarado aliado à presença de Cristo na vida, posto que nós, a morada do Espírito Santo, só nos tornamos morada de fato quando a casa que somos nós é limpa e adornada pela remissão de nossos pecados e pela purificação operada pelo sangue de Jesus (1 Jo 1.7, Ap 1.5) e, em sendo morada do Espírito, podemos demonstrar e apreciar, nos beneficiando e beneficiando a outros, desta parte do fruto, a *paz*, agindo como pacificadores (Mt 5.9), exercendo o Ministério da Reconciliação:

"E tudo isso provém de Deus, que nos reconciliou consigo mesmo por Jesus Cristo e nos deu o ministério da reconciliação, (...) De sorte que somos embaixadores da parte de Cristo, como se Deus por nós rogasse. Rogamos-vos, pois, da parte de Cristo que vos reconcilieis com Deus."

2 Coríntios 5.18-20

Infelizmente, sem a reconciliação proposta em 2 Co 5.18-20, primeiramente, há uma guerra travada entre o homem e Deus e esta é manifesta de várias formas, desde a 'simples' ausência de Deus na vida do que não crê no Seu Filho, até a pena final proposta ao que não crê, de eterna separação dEle.

Dito isto, considere que, crente ou descrente,

estamos em um mundo em guerra, guerra espiritual, pois como dizem as Sagradas Escrituras:

"porque não temos que lutar contra carne e sangue, mas, sim, contra os principados, contra as potestades, contra os príncipes das trevas deste século, contra as hostes espirituais da maldade, nos lugares celestiais."

Efésios 6.12

Sem uma aliança com Deus, o descrente nada pode fazer contra um inimigo real, existente em esfera espiritual que influencia a esfera física.

Ainda falando em guerra, lembremos que o diabo não se associa verdadeiramente com o homem, pois o odeia e vive tentando enganá-lo, para o lançar em perdição eterna junto dele.

E, portanto, nosso inimigo não é o nosso próximo, mas sim o diabo e suas hostes (Ef. 6.12).

É preciso restaurar a paz com Deus, urgentemente!

Paz

Não se engane!

Estar na paz de Cristo, tendo recebido o Fruto do Espírito não quer dizer estamos blindados e que nada mais tentará nos roubar a paz ou que em determinados momentos não cederemos à tentação de agir fora dos parâmetros do Espírito de Deus.

Contudo, como todas as coisas relacionadas aos estatutos de Deus, ao relacionamento horizontal e vertical da comunhão, temos que ser sóbrios e vigilantes porque em todo instante temos alguém tentando nos fazer cair (1 Pe 5.8) e o pior é que podemos, nós mesmos, gerar um grande problema para nós, o extinguir do Espírito de Deus em nós (1 Ts 5.19).

Também tenhamos em mente que não podemos deliberadamente agir como quem não tem responsabilidade para que a paz se manifeste.

Como disse anteriormente, somos pacificadores, soldados da paz e em estando alistados no exército do Reino de Deus, precisamos exercer a paz para além do que os que nos cercam, em um nível superior, honrando a presença do Espírito em nós, assim como devemos entender que a nossa condição de remidos não nos exime de sofrer injustiças, mas justo o contrário, nos qualifica a recebê-las, o que aumenta nosso galardão.

Vejamos o que Pedro fala a respeito (grifos

meus):

"Amados, não estranheis a ardente prova que vem sobre vós, para vos tentar, como se coisa estranha vos acontecesse; mas alegrai-vos no fato de serdes participantes das aflições de Cristo, para que também na revelação da sua glória vos regozijeis e alegreis. Se, pelo nome de Cristo, sois vituperados, bem-aventurados sois, porque ***sobre vós repousa o Espírito da glória de Deus****."*

1 Pedro 4.12-14

Paz em Cristo é exercício diário de pacificação, honrando a Deus na figura da Trindade, tendo reconhecido que o inimigo não é carne ou sangue, para usar as armas corretas às situações diversas que nos acometem a vida!

Para Mais sobre Paz, acesse os vídeos Paz de Deus, no Youtube®: www.youtube.com/@sbcltv

Parte 1:

https://youtu.be/_tGE8bFPJHY

Parte 2:

https://youtu.be/f1dJvEVCUDQ

Parte 3:

https://youtu.be/4_2xHean97Q

Capítulo 05

MENSAGEM 05:

O Fruto do Espírito: Paciência ou Longanimidade

"Ora, o Deus de paciência e consolação vos conceda o mesmo sentimento uns para com os outros, segundo Cristo Jesus,".

Rm 15.05

μακροθυμία

makrothumia

paciência, longanimidade

No texto anterior tratamos da Paz. Neste texto, alicerçado no Fruto do Espírito Santo, trataremos da verdadeira *Paciência*, da *Longanimidade*. Assim, o objetivo aqui será aprofundar nosso entendimento do que é a *paciência* e de como este sentimento se relaciona conosco, entre nós e os que nos cercam e na via de mão dupla vertical humanidade-Deus,

Deus-humanidade, assim como no texto anterior.

Morei em um lugar, um bairro da periferia da Zona Oeste da Cidade do Rio de Janeiro com o nome de Paciência. Até hoje, na verdade, tenho parentes que moram lá, inclusive meus pais. Foi lá também que me entreguei a Cristo, há 23 (vinte e três) anos!

Envolto em muitas fases diferentes no que tange a segurança pública, urbanização, serviços à população, lazer, etc., o bairro poderia acolher um senso comum: ruas, bairros, cidades, estados ou até países com determinados nomes são o oposto que seus nomes proclamam. Se bem que uma viagem de ônibus ou trem de Paciência até o Centro da Cidade do Rio de Janeiro é um verdadeiro exercício de paciência...

Brincadeiras à parte,

O que significa ser longânimo?

À primeira vista, nos parece fácil entender que ao separarmos o prefixo "long" do sufixo "ânimo", a sensação é a de que estas palavras nos conduzem a uma espécie de ânimo longo, comprido, mas não interminável, eterno.

Imagine o ânimo longo, como o de um

colecionador de selos que fica a vida inteira garimpando para completar sua obra filatélica, considerando a raridade, o que torna os selos mais bem avaliados, mas também adquirindo os que, mais novos e menos raros, são lançados ao seu tempo pelas Agências de Correio. Dificuldades se fazem presentes: outros filatelistas, raridade, dificuldade financeira em manter hobbies em tempos de crise econômica. Apesar disto, este colecionador alegra-se com seu feito, ao mesmo tempo em que se vê constantemente movido, pelo seu senso pessoal, a continuar sua coleção. Como ser humano, o colecionador eventualmente pode desistir do hobby, contudo, geralmente não o faz, muito ao contrário, prossegue no seu feito com o claro intuito de ter a coleção mais completa, rara, bem avaliada, valorizada que, em um determinado momento de sua vida a doará, venderá ou passará como herança.

A Longânime Espera de Deus

Podemos traçar um paralelo disto com a paciência e longanimidade de Deus.

Deus criou o ser humano com o intuito de Ser louvado, adorado por este. Esta missão humana que nos foi dada por Deus pode ser encontrada em inúmeros textos bíblicos, mas não foi necessariamente exigida de nós.

Não vemos nas primeiras personagens, Adão até Moisés, Josué a João Batista, ou no Novo Testamento uma ordem do tipo:

'adore a mim ou morra'

'fica instituído que é sua obrigação me adorar'

ou ainda a uma programação robótica de adoração, ainda que o Senhor seja digno de louvor, honra, glória, eternamente, amém!, mas isto é dispensado a Deus, naturalmente, por aqueles que o reconhecem como seu Deus, ainda que as Sagradas Escrituras digam que, em determinado tempo, todos o reconhecerão digno de adoração, mesmo não estando dentre aqueles que alcançarão a misericórdia de Deus (Is 45.23; Rm 14.11).

Por outro lado, quem não merece adoração vive à busca dela: satanás em sua sanha por se tornar semelhante ao Altíssimo (Is 14.13-14), sendo ser criado, jamais seria merecedor de adoração (Ap 19.10, 22.9), mas até mesmo a Jesus, o Filho de Deus (Hb 4.14, dentre outras), O verdadeiro Deus e a vida eterna (1 Jo 5.20), julgou poder convencer, com propostas e promessas as quais não poderia cumprir, com o intuito de obter deste a adoração. Da mesma maneira que fez a Eva e Adão (Gn 3.1-5), buscou fazer a Jesus (Mt 4.1-11) e segue fazendo a humanidade se escravizar à adoração a seres criados ou ao narcisismo materialista e o ateísmo, desviando a adoração, no final das contas, a si:

"E adoraram o dragão que deu à besta o seu poder; e adoraram a besta, dizendo: Quem é semelhante à besta? Quem poderá batalhar contra ela?"

Apocalipse 13.4

"E adoraram-na todos os que habitam sobre a terra, esses cujos nomes não estão escritos no livro da vida do Cordeiro que foi morto desde a fundação do mundo."

Apocalipse 13.8

"E a besta foi presa e, com ela, o falso profeta, que, diante dela, fizera os sinais com que enganou os que receberam o sinal da besta e adoraram a sua imagem. Estes dois foram lançados vivos no ardente lago de fogo e de enxofre. E os demais foram mortos com a espada que saía da boca do que estava assentado

sobre o cavalo, e todas as aves se fartaram das suas carnes."

Apocalipse 19.20-21

O Deus Pai, o Deus Filho e o Deus Espírito Santo, merecedores legítimos da adoração, contudo, com muita paciência, aguardam aquilo que lhes é devido, como que somente o receberão integralmente, no fim:

"E ouvi uma grande voz do céu, que dizia: Eis aqui o tabernáculo de Deus com os homens, pois com eles habitará, e eles serão o seu povo, e o mesmo Deus estará com eles e será o seu Deus."

Apocalipse 21.3

"E as nações andarão à sua luz, e os reis da terra trarão para ela a sua glória e honra."

Apocalipse 21.24

"E a ela trarão a glória e honra das nações."

Apocalipse 21.26

Apesar, contudo, de não forçar ao ser humano a fazê-lo, Deus atesta Sua vontade em receber a adoração, se identificando como Deus (Gn 15.7, 17.1, 26.24,...), ensina que isto lhe é devido (1 Sm 7.3 – parte; Mt 4.10; Lc 4.8,...), convocando a todos a fazê-lo (Is 43.21; Ef 1.5-6,...) e declara ciúmes:

"Ou cuidais vós que em vão diz a Escritura: O Espírito que em nós habita tem ciúmes?"

Tiago 4.5

E também nos espera:

"Mas a hora vem, e agora é, em que os verdadeiros adoradores adorarão o Pai em espírito e em verdade, porque o Pai procura a tais que assim o adorem."

João 4.23

O Caso de Jesus

Como não citar ao Senhor Jesus, como exemplo de *longanimidade*! O evento da chamada Via Dolorosa, onde Jesus é levado desde um julgamento imerecido até Sua morte na cruz, passando por chicoteamento, escarnio, o sofrimento de carregar a cruz que em outro momento o receberia... Tudo isto com a paciência de quem receberia o cálice que era, na verdade, de todos nós!

Fica claro para nós que Jesus foi o maior

exemplo de longanimidade exposto nas Sagradas Escrituras, ainda que possamos citar outros exemplos louváveis dentre as personagens da Bíblia, cito:

1. A mulher com o fluxo de sangue, que lutou 12 anos para receber a cura milagrosa;
2. Abraão, que aguardou que a promessa do filho que seria seu herdeiro, viesse a nascer deste e Sara, sua esposa;
3. Jó, que apesar de alguns momentos de aparição de um sentimento de angústia, aguardou pacientemente que fosse remido de sua prova.

Citando o exemplo de Jesus, devemos lembrar que, como Deus, não teve início de dias (e não terá fim, como se declara, Alfa e Ômega, Ap 22.13), devemos considerar que, tendo se condoído da situação de queda humana, precisou aguardar até a "plenitude dos tempos" (Ef 1.10) para promover o resgate da alma humana na cruz, bem como está aguardando para o definitivo concerto do novo céu e da nova terra (Ap 21.1-22.5)! Para além disto, durante sua encarnação, como é Deus, precisou 'suportar' a vida em carne durante 33 anos, como diz Isaias no capítulo 53, Ele *"Era desprezado e o mais indigno entre os homens, homem de dores, experimentado nos trabalhos e, como um de quem os homens escondiam o rosto, era desprezado, e não fizemos dele caso algum."*

Aliás, cito novamente, como não considerar a longanimidade da Trindade, que apesar de criadora de tudo e Deus, segue aguardando que os homens despertem para algo que deveriam fazer desde sempre e muitos simplesmente vivem a vida toda e morrem sem entregá-la: a adoração!

Dividindo o Fruto em Partes

Parte IV – Longanimidade

Para que precisamos que o Espírito de Deus nos comunique este ânimo longo, esta capacidade de ser paciente, de suportar com resignação aos sofrimentos? Parece-me simples entender que mitos de nós somos volúveis somente por nossa constituição humana, nossa atual natureza, seja caída por completo, seja em nosso resgate em nossa vida terrena... Isto quer dizer que não só temos tendência a abandonar as coisas com facilidade como, ao sermos enfrentados por situações que nos são adversas, costumeiramente desistimos do que queremos ou do que seria nosso prêmio, diante de ameaças, de interposições de ideias, ou de sofrimento. Inconstância e falta de perseverança, eu diria!

Perseverar, para muitos de nós, não parece ser viável e, para todas essas coisas o Espirito de Deus, ao aportar em nós esta parte do fruto, nos está capacitando para resistir a ameaças e agressões, para aguardar o tempo da justiça de Deus e a final manifestação de Seu Reino, mas também para nos manter firmes naquilo que buscamos tanto pessoalmente, quanto em relação ao Reino de Deus e Sua vontade!

Longanimidade

Mais que uma espécie de obrigação de fazer para se obter a vitória final em vários campos da vida material e espiritual, a *longanimidade* deve ser encarada por nós como fator de crescimento, dado fato de que nos ensina paciência, resistência, resiliência, aguardar em Deus e resposta branda a injustas agressões, para não só não devolver na mesma moeda, o que nos tornaria mais errado que o errado, mas também ter experiência para não cair nos mesmos laços do inimigo, criando "calos espirituais", os quais seriam uma maior resistência a tentações e agressões, seja de onde viessem.

Longanimidade em Cristo, enfim, é exercício diário de paciência tendo um longo espaço de suportação às situações da vida que nos acometem a todo tempo, de surpresa ou já esperadas!

Jesus poderia ter chamado os anjos para deter seus detratores e aqueles que o perseguiram, poderia ter destruído os centuriões que O açoitaram, cuspiram, tornaram-nO nu, puseram coroa de espinho, fizeram carregar a cruz, o prenderam na cruz, furaram seu lado com a lança, lhe deram vinagre com esponja imunda, mas preferiu suportar tudo isto, ter um discurso profundo de perdão e ainda cuidar de Maria e João, bem como do malfeitor que lhe pediu perdão.

Capítulo 06

MENSAGEM 06:

O Fruto do Espírito: Benignidade

"Perdoa, pois, a iniqüidade deste povo, segundo a grandeza da tua benignidade e como também perdoaste a este povo desde a terra do Egito até aqui.".

Nm 14.19

χρηστότης

chrēstotēs

bondade, excelência, retidão

No texto anterior tratamos da Paciência ou Longanimidade. Neste texto, alicerçado no Fruto do Espírito Santo, trataremos da verdadeira *Benignidade*, que refletem *bondade, excelência* e *retidão*. Assim, o objetivo aqui será aprofundar nosso entendimento do que é a *Benignidade* e de como este sentimento se relaciona conosco, entre nós e os que nos cercam e na via de mão dupla vertical humanidade-Deus, Deus-humanidade, assim como no texto anterior.

A juventude é uma época de nossas vidas em que as dúvidas são mais presentes que as certezas. De fato, estamos aprendendo desde a tenra infância, mas o aplicar o aprendizado somete ocorre, na maioria das vezes e na maioria dos casos, na fase adulta. Assim como todas as demais coisas, os jovens dependem da bondade de seus pais, parentes, amigos e conhecidos. Seria mais proveitoso, inclusive, à sociedade, se olhasse com mais zelo para as pessoas desde a infância até o início de sua fase adulta, dado fato de que este novo adulto assumira posto de trabalho, produzindo para esta sociedade a fim de mantê-la nos moldes que ela mesma se desenhou, desempenhando o papel esperado! Nem sempre é assim, infelizmente! A benignidade é algo raro hoje em dia!

Eu, pelo contrário, encontrei algumas pessoas que usaram de benevolência comigo, me ajudaram no caminho a seguir e posso dizer, hoje, que foram eles a mão de Deus!

O que significa ser Benigno?

Ser *benigno* e ser bom, ou ter bondade, parecem ser muito próximos; muitas vezes apresentamos esta característica sob o entendimento de que são iguais, mas devemos buscar entender cada uma delas para agir como o Espírito assim nos estabelece no texto de Gálatas 5.22. Assim o fazendo, entendemos que *Benignidade* é o ato de ser *benigno* e ser benigno, é exercer boa índole, bom caráter, ser benévolo, humano (não humanista), bondoso, cortês, prestativo, no tratamento com os outros.

Em se tratando de ser benigno, então, vemos que exercer esta tal benignidade, assim como as demais características do Fruto do Espírito que estão vestigialmente presentes em nosso ser desde o nosso nascimento, posto que é herança da Criação lá no Éden, para que seja exercida com excelência, precisa não só ser reafirmada pela presença do Espírito de Deus na vida de cada um, como também, junto as demais partes do Fruto, são fundamentais no exercício da comunhão entre nós e no trato comum com todos!

Ou será que alguém, se declarando crente em Cristo, poderia, em algum tempo dizer: "não preciso do fruto do Espírito para ser um bom crente" ou "ser benigno é uma fraqueza" ou coisa do gênero? De maneira alguma! Enxergamos pela Palavra de Deus que o fruto do Espírito é restauração para o crente que vive na carne, endereçando-o a viver no Espírito. Não há maneira de o crente não desejá-lo caso deseje ser um crente fiel a Deus, sobretudo no que Ele legou a nós no que tange a relação uns com os outros.

Em meio à discussão se isto já pertence ou não aos seres humanos, independente da fé, ou se vem do nascer da água e do Espírito, precisamos lembrar que costumeiramente categorizamos, por senso comum, as pessoas que nos cercam, delas dizendo:

'fulano tem má índole', ou

'ciclano é desprezível' ou

O oposto

'fulano tem boa índole', ou

'ciclano é alguém que quero por perto sempre'.

Isto independente de conhecermos ou não se este ou aquele reconheceram a Cristo como Seu Salvador, mas quando sabemos que isto aconteceu, pelo menos foi verbalizado, partimos para um julgamento diferente daquelas almas citadas, agora adotando o entendimento de que a natureza humana ainda flui e que eles estariam em uma luta para submeter a carne ao espírito, o que convenhamos, é sempre muito difícil.

Um adendo importante aqui: a frase 'a primeira impressão é a que fica' não deveria fazer parte da vivência cristã, pois as pessoas são mais que suas *cascas*, assim como não deveríamos buscar impressões superficiais, mas conhecer profundamente a quem nos cerca para que o vínculo da comunhão funcione de fato, já que comunhão é ter tudo em comum.

O problema, é que nem sempre isto é verdadeiro! Não podemos enxergar, ainda e com clareza, o coração de cada um, o que nos lega um fato: a benignidade deve ser encarada como resultado de um coração convertido ao Senhor e não como moeda de troca, já que nada que façamos nos retira a pecha da inutilidade e nem nos faz juntar moeda para pagar por nossa salvação, impagável por nós, mas já paga pelo Deus Filho em Sua morte na Cruz!

Dividindo o Fruto em Partes

Parte V – Benignidade

Como vimos acima, a *Benignidade* envolve:

a) Exercer boa índole: se comportar de forma amigável, amável, respeitosa, considerando aquilo que é justo, reto ou moralmente aceito:

Eu realmente tenho a impressão de que isto está cada vez mais raro neste mundo. Justiça, retidão e moralidade estão sendo substituídas pelo arbítrio ativista, a retidão se tornando fluida, de acordo com a conveniência e quanto a moralidade, este conceito que há milênios nos normatiza está sendo trocado por comportamentos recém-aceitos, porém não somente em alcovas e de forma interior, mas abertamente e também se utilizando de ativismos, como forma de banir a boa moral, descortinando o sentimento de que se quer dar ares de normalidade ao comportamento, anulando a virtude.

Como servos de um Deus que espera para si um povo zeloso de boas obras (Tt 2.14), não devemos abandonar a *boa índole,* mesmo que haja normalização de comportamentos na sociedade que tentem tornar a virtude apenas outros lados de moeda, almejando retirar a importância dela. O *Livro da Vida*, no qual nosso nome estará escrito e os livros das vidas de cada um não serão escritos por juízes ativistas e nem por sociólogos ou ativistas humanistas.

b) Ter bom caráter: diz-se da formação moral:

Desde cedo, nas famílias estruturadas, somos ensinados a ter um comportamento que respeita a dignidade do próximo. Uma pessoa de mau caráter é entendida como alguém desrespeitoso, não só no que diz respeito ao que fala tortuosamente, mas também no que faz, sendo o oposto verdadeiro!

O decálogo, dez mandamentos, que no novo testamento foi simplificado para apenas dois, traz no seu segundo mandamento uma síntese importante de como viver, segundo Jesus (Mt 12.31):

"E o segundo, semelhante a este, é: Amarás o teu próximo como a ti mesmo. Não há outro mandamento maior do que estes."

Na verdade, a proposta é bem simples! Em tese, quem ama ao seu próximo não deixará de cumprir os mandamentos relativos à vida em sociedade e a interpretação deles, de bom convívio:

Ex 20.12: *"Honra a teu pai e a tua mãe, para que se prolonguem os teus dias na terra que o SENHOR, teu Deus, te dá."*.

Ex 20.13: *"Não matarás."* (assassinarás, grifo meu).

Ex 20.14: *"Não adulterarás."*.

Ex 20.15: *"Não furtarás."*.

Ex 20.16: *"Não dirás falso testemunho contra o teu próximo."*.

Ex 20.17: *"Não cobiçarás a casa do teu próximo; não cobiçarás a mulher do teu próximo, nem o seu servo, nem a sua serva, nem o seu boi, nem o seu jumento, nem coisa alguma do teu próximo."*.

c) Ser benévolo: sempre buscar o bom jeito de fazer as coisas, ter bons propósitos:

Sendo sintético aqui: qual o melhor jeito de fazer as coisas? O nosso, relativamente novo, desarraigado de sabedoria, apenas pela nossa inteligência, mesmo que mediado por pesquisas de colegas cientistas ou cientistas que já deixaram seu legado social ou pelo jeito de Deus, que sendo Eterno, não só conhece todas as coisas, por tê-las feito, mas convive eternamente com elas?

Vou dar um exemplo: A flexibilização do casamento. A humanidade flexibilizou o casamento tentando ajuntar mais de uma pessoa a outra, pessoas de mesmo sexo, animais com seres humanos e até objetos a seres humanos. Isto tudo contrário ao padrão de Deus de complementação entre um homem e uma mulher, da procriação e do prazer legado a estes, bem como as responsabilidades dos indivíduos que formam a família, internamente e na sociedade. O que, na prática, isto causa? Não só desobediência ao padrão de Deus, mas a perda, reiterando, das funções básicas do convívio íntimo e social do casamento e da família, isto tudo para atender vontades e comportamentos. Desejos pessoais egoístas não são, nunca foram bons propósitos, apenas egoísmo e egolatria.

d) *Ser humano:* no sentido de ser amigável ao próximo, colaborativo, atender ao próximo em suas necessidades, buscar o bem comum:

O materialismo tem deixado um legado cada vez mais efetivo na sociedade: a fragmentação dela! Guiados pelo egoísmo de se viver cada vez mais reclusos em sua autossuficiência, os seres humanos que não admitem a existência da alma ou adotam ideias puramente humanistas e com lastro cada vez mais raso, levando o relacionamento com o próximo apenas até o limite de criar uma imagem social de bondade, sem viver nela de fato, ou simplesmente ignoram o próximo.

e) Ser bondoso: Veja mais em bondade no próximo capítulo.

f) Ser cortês: a cortesia está ligada ao que, mesmo não sendo obrigação, faz ceder ao próximo a primazia no trato, como ceder um lugar em uma fila, o abrir de uma porta ao outro.

g) Ser prestativo: estar atento e proativamente responder às necessidades de terceiros pondo o próximo como senhor de si.

Os saudosistas dirão que todas estas formas de ser benigno já faziam parte da sociedade, mas o egoísmo, o narcisismo e a cobiça arranharam este trato com o próximo. Não podemos declinar do entendimento que em algumas épocas, mais românticas, houve melhor observação dos pontos acima elencados, mas não é verdade que a humanidade um dia teve tudo isto e paulatinamente vem perdendo, depois de a ter aprendido. É mais que isso! Podemos identificar que, como dito acima, Deus nos criou com tais características e que do pecado no

Éden para cá, toda sociedade formada somente demonstrou este ou aquele traço, mas estes nunca foram devidamente reafirmados na humanidade. É certo que houve vários comportamentos sociais ao longo da história que, ligados à determinada etnia e cultura, marcaram o trato pessoal consigo mesmo e com o próximo, como no caso de bárbaros, canibais e sociedades xenófobas, mas mesmo considerando que estamos no Século XXI, poderíamos dizer que mesmo no ápice da humanidade, o trato entre nós não sofreu a necessária condução, pois como vemos, as disputas por espaço, por oportunidades, por afirmação pessoal, por bem estar, por riqueza e até pela companhia de outro ser humano que nos complete não tem seguido bons padrões como os lá elencados.

Neste contexto, entra o Espírito de Deus! Ele vem nos comunicar tais características com a intensidade necessária para que os Planos de Deus no tocante à comunhão e o resgate do perdido sejam devidamente observados por cada um de nós, com ação e reação mais ligada a moralidade cristã que a aprendida no mundo sem Deus. Consideremos, para compreender esta afirmação a parábola do Bom Samaritano:

Conforme Lc 10. 33-35, Jesus contou que, ao ver aquele homem caído que havia sido assaltado, *"um samaritano que ia de viagem chegou ao pé dele e, vendo-o, moveu-se de íntima compaixão. E, aproximando-se, atou-lhe as feridas, aplicando-lhes azeite e vinho; e, pondo-o sobre a sua cavalgadura, levou-o para uma estalagem e cuidou dele; E, partindo ao outro dia, tirou dois dinheiros, e deu-os ao hospedeiro, e disse-lhe: Cuida dele, e tudo o que de mais gastares eu to pagarei, quando voltar."*

Independente de te questionar se você faria a mesma coisa, posto que o objetivo aqui não é constrangê-lo, mas que cheguemos ao conhecimento da verdade e que apliquemos a verdade em nossa vida, veja que o Samaritano da parábola exerceu toda prestatividade, humanidade, cortesia, bondade, benevolência, caráter e índole possíveis àquela situação que estava a seu alcance. É preciso entender a última expressão, estar ao alcance como todo o possível. Não se trata de uma escolha do que fazer, mas o que nossa mão pode lançar, no limite de nós mesmos, para o bem comum. Este limite não pode ser o que nós mesmos nos impomos, mas aquele que o Espírito de Deus nos comunica!

Benignidade

Sendo muito prático, ser benigno não é uma opção do crente, mas como tudo que diz respeito à manifestação do Espírito de Deus, é a reafirmação que de fato somos morada do Espírito e que, de fato, a fé nasceu em nós! É como Tiago relata em sua carta:

"Assim também a fé, se não tiver as obras, é morta em si mesma."

Tiago 2.17

Jamais esqueçamos que Jesus exerceu *benignidade* com excelência, sendo nosso maior parâmetro! Nunca haverá algo que supere Jesus ter se entregue em nosso lugar, mas isto não quer dizer que não podemos exercer aquilo e tudo que estiver em nosso alcance para o bem comum, para além de aquilo que atenda a nós mesmos.

Capítulo 07

MENSAGEM 07:

O Fruto do Espírito: Bondade ou Gentileza

"Não te lembres dos pecados da minha mocidade nem das minhas transgressões; mas, segundo a tua misericórdia, lembra-te de mim, por tua bondade, SENHOR.".

Sl 25.07

χρηστότης, ἀγαθωσύνη,

chrēstotēs, agathōsunē

gentileza, bondade

No texto anterior tratamos da *Benignidade.* Neste texto, alicerçado no Fruto do Espírito Santo, trataremos da verdadeira *Bondade,* da *Gentileza.* Assim, o objetivo aqui será aprofundar nosso entendimento do que é a *Bondade* e de como este sentimento se relaciona conosco, entre nós e os que nos cercam e na via de mão dupla vertical humanidade-Deus, Deus-humanidade, assim como no texto anterior.

Diante da chamada Lei da Palmada, que impôs sobre pais o evitar considerar castigo físico como ferramenta de punição em caso de desobediência ou indisciplina, muitos pais tem se encontrado em *maus lençóis* para a dura e trabalhosa tarefa de educar uma criança, ainda mais quando a palavra *não* precisa ser dita. Birras, protestos à base de choro e constrangimento público em sido vistos hoje em dia com maior evidência que comparado a épocas anteriores. Este livro não é um tratado de ensino a filhos e não estou me detendo em críticas a essa dita lei, mas, o bom pai e a boa mãe são, efetivamente, aqueles que devolvem a Deus e a sociedade bons filhos, ainda que a sociedade atual não saiba reconhecer tal feito e necessidade. Contudo, vamos entender bondade com maior clareza a seguir!

O que significa ser Bom?

A resposta a isto pode surpreender!

Muitas pessoas consideram que ser bom, exercer bondade, requer alguém responder sempre positivamente aos nossos anseios e desejos, nunca os negando, sempre favorecendo nosso interesse pessoal, independente de análise, da circunstância ou da medida certa a tomar. Mais um engano de nossa parte!

Além do amigável "sim", a bondade pode ser representada também por um desfavor, um "não" e até um castigo ou uma pena proposta.

Quando a bondade se manifesta no castigo, no apenamento ou em uma negativa, recebemos este ato de bondade de bom grado? Muito provavelmente sua resposta é *não*, não é mesmo? O *sim* é mais alegre, mais imediatamente revigorante, mais aceito. O *não* é um bicho *sujo e fedorento...* Indesejado que só, algo que não queremos ouvir.

O problema aqui é que não enxergamos o crescimento proposto pelo *não*, seja porque não temos a real dimensão de que o *não* está ligado ao nosso próprio bem apenas por segurança, ignoramos o merecimento da negativa, nos enfezamos com a contra-argumentação ou ainda nossa pressa nos impõe o entendimento de que esperar é ruím.

Por outro lado, além do fato de que temos dificuldade de reconhecer e exercer bondade, por outro, criamos um sistema de castas e preferências que faz com que a manifestação da bondade seja dirigida somente a quem nos é recíproco ou a quem pode vir a ser. Assim, a bondade foi transformada em egoísmo e interesse! Mas não foi sempre assim. Como nas demais características do Fruto do Espírito que nos foram comunicadas e perdidas no pecado no Éden, a bondade está fragmentada e não é marcante no trato da maioria das pessoas hodiernamente.

Dividindo o Fruto em Partes

Parte VI – Bondade

Como vimos acima, a Bondade envolve:

a) Vontade de ser bom;
b) Vontade de analisar as situações e circunstancias das pessoas e *do pedido*;
c) Propósitos da ação, para ser caracterizada como *boa*;
d) Entender que há: sim, não, espere, lute, insista, persista, não só o sim;
e) Ser bondoso: aplicar bondade em tudo o para todos, nos termos de "d";
f) Ser compreensivo quando a circunstancia leva a algo diferente do sim, inclusive quando o que se obtém é um não definitivo.

Imagine Jesus, neste texto, como se estivesse

falando com você:

"E eis que, aproximando-se dele um jovem, disse-lhe: Bom Mestre, que bem farei, para conseguir a vida eterna? E ele disse-lhe: Por que me chamas bom? Não há bom, senão um só que é Deus. Se queres, porém, entrar na vida, guarda os mandamentos. Disse-lhe ele: Quais? E Jesus disse: Não matarás, não cometerás adultério, não furtarás, não dirás falso testemunho; honra teu pai e tua mãe, e amarás o teu próximo como a ti mesmo. Disse-lhe o jovem: Tudo isso tenho guardado desde a minha mocidade; que me falta ainda? Disse-lhe Jesus: Se queres ser perfeito, vai, vende tudo o que tens, dá-o aos pobres e terás um tesouro no céu; e vem e segue-me. E o jovem, ouvindo essa palavra, retirou-se triste, porque possuía muitas propriedades. Disse, então, Jesus aos seus discípulos: Em verdade vos digo que é difícil entrar um rico no Reino dos céus."

Este texto, encontrado no Evangelho de Mateus 19.16-23, mostra o interesse de um *jovem rico* diante da vontade de entrar à vida eterna no Reino de Deus. Como vontade não é tudo, Jesus, que é Deus e, portanto, *bom*, mas neste texto assume humildemente que por enquanto também é 100% (cem por cento) homem, bem como aqui ainda não se declara o verdadeiro Deus e a vida eterna, (1 Jo 5:20), aponta para a Lei, posto que ainda não havia morrido na cruz, bem como no que já havia declarado a outros: *'deixe tudo e me siga!'*, o que levaria aquele jovem a receber o discipulado, acompanhar a obra redentora, ver Jesus morrer na cruz, estar presente na sua ressureição e o encontrar no momento em que Jesus se declara aos discípulos e apóstolos, permanecer com Ele durante os 40 (quarenta) dias, vê-lO subir ao céu, receber o batismo com o Espírito Santo, viver para Cristo e *lucrar* com sua morte...

Mas isso não aconteceu!

Aquele jovem não possuía as características listadas acima, que caracterizam um *bom homem*! E quem as têm?

É aí que entra o Espirito Santo!

É preciso que o novo homem, nascido da água e do Espírito passe a demonstrar, agora a aptidão e a vontade de ser bom para com todos, de exercer bondade sempre, e de compreender os movimentos de Deus, caracterizando-os como estruturalmente bons, porque Deus é o fundamento, ou seja, a base de toda bondade, é bom e tudo que Ele distribui, faz, deixa de fazer, enfim, tudo que procede de Deus é bom. Veja, por exemplo, na Sua criação, *boa*, e a declaração dEle sobre ela, *boa*!

O Salmo 107, sobre a *bondade* de Deus, repete quatro vezes esta sentença:

"Louvem ao SENHOR pela sua bondade e pelas suas maravilhas para com os filhos dos homens!"

Agora responda com sinceridade: Deus lhe disse, ou diz, *sim* sempre ou a tudo? O *não* e o *espere* também são *bondade*, posto que tudo que vem de Deus é *bom* (Tg 1.13, 17)!

Bondade

Precisamos eliminar o desejo de reciprocidade esperada e também a acepção de pessoas para aplicar o princípio da bondade. *Bondade*, assim como a graça, não se dá por merecimento ou por reciprocidade, mas porque somos *bons* e o que sai de nós, a semelhança de nosso Pai, deve ser bom!

Bondade em Cristo, por fim, é o ato de dar e receber sem esperar retorno ou retribuição, daquilo que é necessário a um e aos outros, dentre aquilo que é possível, ponderando os impactos das ações e reverberação do ato, não só de concessão, mas também a negativa ou a persistência.

Capítulo 08

MENSAGEM 08:

O Fruto do Espírito: Fé

"Ora, sem fé é impossível agradar-lhe, porque é necessário que aquele que se aproxima de Deus creia que ele existe e que é galardoador dos que o buscam.".

Hb 11.06

πίστις

pistis

fé (fidelidade)

No texto anterior tratamos da *Bondade*. Neste texto, alicerçado no Fruto do Espírito Santo, trataremos da verdadeira *Fé*. Assim, o objetivo aqui será aprofundar nosso entendimento do que é a *Fé* e de como este sentimento se relaciona conosco, entre nós e os que nos cercam e na via de mão dupla vertical humanidade-Deus, Deus-humanidade, assim como no texto anterior.

Você acredita em milagres? Se você é cristão, não crer em milagres se constituiria em um contrassenso daqueles que te colocaria em situação desprivilegiada no que tange aos cidadãos do Reino de Deus, já que milagres são uma parte importante da fé cristã, como vista nas Sagradas Escrituras, desde o Dilúvio até a Ressureição de Jesus e o que será visto em breve, espero, no ômega de Deus para a humanidade.

Já presenciei alguns milagres, algumas situações ocorridas por determinação de Deus, acima da lógica e poderes humanos, coisas que só Deus poderia fazer, que para mim são facilmente compreensíveis assim, mas muitos que nos cercam, fora das quatro linhas da fé, poderiam dizer, como dizem na verdade, que milagres 'são eventos que por mais que agora são inexplicáveis à luz da ciência, um dia o serão'.

De todo o que pensa desta maneira não está errado, posto que toda boa ciência vem de Deus, e que um dia conheceremos como somos conhecidos, mas sim, precisamos crer em Deus e suas obras pela via da fé, a fim de agradá-lO!

O que é fé?

Por força da inclinação secular ao tradicionalismo católico, a fé é apresentada (ou era, já que hoje até mesmo a 'fé católica' é combatida pelo progressismo, muito embora em certa medida tenha aderido a este), desde muito cedo de forma diferente das Sagradas Escrituras.

Para o catolicismo, pelo que percebemos de seus atos abertos ao grande público, a fé é demonstrada via de regra pela adoração (ou veneração, como dizem) a imagens de escultura e atos de sacrifício comumente chamado de promessas, que são votos a determinado 'santo' que lhes traria determinada 'graça' ou favor, que seria considerado milagre.

Contudo, ao olharmos para as Sagradas Escrituras, nos deparamos com uma definição para fé que afasta nesta visão comum:

"A fé é o firme fundamento das coisas que se esperam, na certeza de coisas que não se veem."

Hebreus 11.01

Portanto, de acordo com a revelação bíblica, a fé não guarda relação com o olhar ou com o tato, mas sim com a esperança e com a crença no invisível como existente. Para exemplificar isto, o apóstolo Paulo nos lembra que hoje permanecem a fé, a esperança e o amor, mas a fé, assim como a esperança, como atributos, perderão sua eficácia quando conhecermos como somos conhecidos, obviamente se referindo a vida celeste com Deus.

Neste caso, e só para não deixar pontas soltas:

1. Infelizmente, tenho a dizer que todos que não compreendem a fé de modo a convergir com Hebreus 11.1 estarão em maus lençóis:

O próprio apóstolo Paulo nos relata algo terrível sobre o engano em relação a fé:

"Mas que digo? Que o ídolo é alguma coisa? Ou que o sacrificado ao ídolo é alguma coisa? Antes, digo que as coisas que os gentios sacrificam, as sacrificam aos demônios e não a Deus. E não quero que sejais participantes com os demônios. Não podeis beber o cálice do Senhor e o cálice dos demônios; não podeis ser participantes da mesa do Senhor e da mesa dos demônios. Ou irritaremos o Senhor? Somos nós mais fortes do que ele?"

1 Coríntios 10.19-22

2. A fé precisa ser dividida entre crença natural, fé salvífica e a fé como fruto do Espírito, o que trataremos mais adiante.

Por outro lado, em meu livro *Reflexões Sobre o Deus da Bíblia e Sua Relação com a Humanidade*, me referi algumas vezes sobre o nascedouro da fé:

"Desde a mais tenra idade, em todos os tempos, o ser humano olha para o alto, em direção ao céu, e se pergunta se existe algo além dele mesmo, vivo, fora da terra." (pág. 11)

"É significativo que a sociedade humana, em qualquer era, sempre se questiona sobre a existência de Deus ou de deuses. Ignorando a ciência evolucionista, partimos com uma certeza inicial de que alguém nos fez porque as coisas que nos cercam devem ter sido feitas por alguém e não conseguimos, em princípio, crer que algo possa vir a existir do 'nada'." (pág.17)

"A fé no invisível não tem ligação somente com a natureza física humana, pois apesar do fato de que "a fé é pelo ouvir..." (Rm 10:17 - JFAC), sendo o ouvir um dos cinco sentidos, "...os verdadeiros adoradores adorarão o Pai em espírito e em verdade,..." (Jo 4:23 –

JFAC) e o Espírito Santo é quem convence ao ser humano do pecado, da justiça e do juízo (Jo 16:7-11 – JFAC) e, na ausência daquele que é Espírito, certamente não migraríamos nossa crença ao plano espiritual ou, quando muito, admitiríamos uma corrupção deste. Portanto, certamente, como demonstrado aqui, o mundo espiritual influenciou a humanidade ao conhecimento de sua existência." (pág.19).

Dividindo o Fruto em Partes

Parte VII - Fé

Não é tarefa tão simples diferenciar a fé a partir do Fruto do Espírito! Como relatei antes, a fé pode ser entendida como crença natural, fé para salvação (salvífica) e também, acrescento, um dom do Espírito que pode ser adicionado ao crente como revestimento de poder advindo do Batismo com o Espírito Santo (não confundir com o batismo nas águas, que nos lega a presença do Espírito Santo, que passa a morar em nós). Contudo, a característica *fé* do Fruto do Espírito, assemelhada as demais características outorgadas a nós na criação, no Éden, seguiu mesmo caminho que as demais, com relação à queda.

Precisamos entender que a queda nos aliou a carne, afastando do espírito e como dito no novo testamento, a carne milita contra o espírito. Isto é um processo progressivo... Quanto mais o tempo passa, mais a sociedade humana se alia a carne e contraria os desígnios de Deus. Some-se a isto o fato de que os seres humanos, na porção carnal, encontram a morte de forma breve, potencialmente sem reconhecer ou sendo enganado quanto a eternidade e, encontrando a morte física sem se reconciliar com Deus, viverão eternamente afastados dEle.

Assim, é natural que o fragmento de fé que reside no homem, por si só não seja suficiente, necessitando de que seja despertado pelo ouvir a Palavra de Deus (Rm 10.17) e pelo convencimento do próprio Espírito de Deus (Jo 16.7-11).

Abrindo pequeno PARENTESES, importante dizer que o Espírito comunicou a Palavra, convence, move os crentes, consola, ensina a Palavra, intercede por nós, reveste de Poder... Glória a Deus!

Fé

Quem tem vivido sem fé, ao bem da verdade não tem vivido... No máximo sobrevive no mundo da carne e vegetando, no mundo espiritual. Por outro lado, aqueles que estão enganados quanto à fé precisam aceitar o alerta de que não podem continuar nessa rota que lhes será eternamente fatal.

A fé em Cristo é fundamental para que se acesse a salvação, o que descortinará sobre o que nEle crê a habitação do Espírito Santo e, por fim, no estabelecimento de Seu fruto, a fé excelente.

Capítulo 09

MENSAGEM 09:

O Fruto do Espírito:

Mansidão

"O Espírito do Senhor JEOVÁ está sobre mim, porque o SENHOR me ungiu para pregar boas-novas aos mansos; enviou-me a restaurar os contritos de coração, a proclamar liberdade aos cativos e a abertura de prisão aos presos;".

Is 61.01

πραΰτης

prautēs

mansidão (gentileza)

No texto anterior tratamos da *Fé*. Neste texto, alicerçado no Fruto do Espírito Santo, trataremos da verdadeira *Mansidão*. Assim, o objetivo aqui será aprofundar nosso entendimento do que é a *Mansidão* e de como este sentimento se relaciona conosco, entre nós e os que nos cercam e na via de mão dupla vertical humanidade-Deus, Deus-humanidade, assim como no texto anterior.

Já parou para pensar que quando um homem é manso ele é tido como *'banana'* e quando não é manso é tido como *'violento'*? Existe um meio termo capaz de nos capacitar a sermos 'mansos e humildes de coração' sem que sejamos encarados como relapsos, covardes ou lenientes? Ou sermos contundentes sem a aspereza da violência?

O que é Mansidão?

Por certo que mansidão não está ligada a falta de ira ou de sanguinidade.

Sobre a sanguinidade, aliás, residem os temperamentos humanos conhecidos como: *sanguíneo, colérico, melancólico e fleumático* que pretendo no capítulo posterior.

A mansidão se relaciona com o controle dessa sanguinidade e com a forma com a qual reagimos a estímulos externos.

Lembro-me de quatro textos bíblicos são emblemáticos quanto à mansidão:

"Perturbai-vos e não pequeis; falai com o vosso coração sobre a vossa cama e calai-vos."

Salmo 4.4

"Irai-vos e não pequeis; não se ponha o sol sobre a vossa ira."

Efésios 4.26

"Ao que te ferir numa face, oferece-lhe também a outra; e ao que te houver tirado a capa, nem a túnica recuses."

Lucas 6.29

"e, se qualquer te obrigar a caminhar uma milha, vai com ele duas."

Mateus 5.41

O que todos estes textos têm em comum? O controle reativo pessoal, levando-se em conta a sanguinidade, o reconhecimento da fraqueza da carne, a necessidade do controle do espírito, e o tema principal de nosso texto, a ação do Espírito Santo. A tudo isto, em conjunto, chamamos *mansidão* pelo obtida pelo *domínio próprio*!

Dividindo o Fruto em Partes

Parte VIII – Mansidão

Usando uma expressão hodierna, Jesus foi *o*

cara, noutras coisas e nesta, da mansidão pelo domínio próprio. Tendo sofrido toda injúria e agressão possível e impossível, *permaneceu com os chifres presos nos arbustos.*

Estranharam a expressão? Estou me referindo ao carneiro preso pelas pontas, no mato, sacrifício substituto provido pelo próprio Deus no lugar de Isaque, Filho de Abraão.

Chifres ou pontas são comumente relacionados a poder e, neste caso, o que eu fiz foi figurar a pessoa de Jesus que se entregou calmamente ao sacrifício, mesmo poderoso para impedir isto!

Observem o depoimento do Mestre:

"Ou pensas tu que eu não poderia, agora, orar a meu Pai e que ele não me daria mais de doze legiões de anjos?"

Mateus 26.53

A ira, em si, não é pecado! Sabemos que a ira é tão característica admitida em nós na nossa criação quanto o amor, a justiça, a paz, dentre outras. O que fazemos com a ira é que pode ser problemático.

Como humanos, somos uma sopa de agentes ativos, inativos e reativos os quais podem aflorar a depender do nosso controle pessoal ou da falta dele aliado a estímulos externos.

Por exemplo, fomos aditivados da resposta *lutar ou fugir* em caso de ameaças, instintivamente, contudo, nossa capacidade intelectual nos permite analisar a situação e reagir de forma mais pensada, analisando para além do simples reagir instintivo, como é o caso da precaução e pré-análise de riscos e das salvaguardas.

Isto é o suficiente? Os números de homicídios, reações errôneas a ataques, agressões físicas e morais nos mostram que instinto e intelectualidade sozinhos não são suficientes!

Vejam o que fez Moisés:

a) Instado pelo clamor pela água;

b) Levado a ira pela murmuração constante;

c) Bate na rocha com seu cajado a toda força!

O que a pobre rocha tinha que ver com a murmuração do povo? O remédio contra a murmuração é bater na rocha? Pode até ser que tenha dado algum alivio a Moisés o som estrondante da rocha se fendendo diante do impacto do seu cajado, mas a resposta dura a isto veio de Deus, que não permitiu ao grande patriarca legislador e governador Moisés adentrar a Terra Prometida:

"Irai-vos e não pequeis; não se ponha o sol sobre a vossa ira.".

Efésios 4.26

O Espírito de Deus é sim o fiel da balança no que diz respeito ao domínio próprio que leva à Mansidão.

Como quem nos ensina e consola, o Espírito de Deus nos implanta e em nós desenvolve as ferramentas espirituais para que nos conheçamos quanto a nossa natureza e sanguinidade, nos faz ver que estamos em uma luta constante entre carne e espírito, nos ensina a dominar a nossa carne e tornar o nosso espírito mais forte que a carne, nos encaminha à sabedoria do alto, abandonando o controle pelo instinto e pela intelectualidade somente, bem como nos protegendo da influencia maligna.

Mansidão

Aplicar mansidão na vida pode não ser tão simples, dado fato de que por vezes a natureza humana nos empurra a resposta inversa proporcional. Aliás é isto uma das leis da física: uma resposta inversa de mesma força! Contudo, não somos objetos, somos pessoas!

Como nosso maior exemplo, nosso Mestre Jesus é o parâmetro definitivo e a quem devemos imitar. Não há melhor pessoa a nos comunicar *Mansidão* como Jesus comunicou. Tinha todas as ferramentas para reagir e vencer qualquer agressão, mas recebeu todas que lhe foram impostas para que tivéssemos vida!

Capítulo 10

MENSAGEM 10:

O Fruto do Espírito: Temperança

"Porque, pela graça que me é dada, digo a cada um dentre vós que não saiba mais do que convém saber, mas que saiba com temperança, conforme a medida da fé que Deus repartiu a cada um.".

Rm 12.03

ἐγκράτεια

enkrateia

temperança (autocontrole)

No texto anterior tratamos da *Mansidão.* Neste texto, alicerçado no Fruto do Espírito Santo, trataremos da verdadeira *Temperança.* Assim, o objetivo aqui será aprofundar nosso entendimento do que é a *Temperança* e de como este sentimento se relaciona conosco, entre nós e os que nos cercam e na via de mão dupla vertical humanidade-Deus, Deus-humanidade, assim como no texto anterior.

As pessoas que precisam fazer dieta restritiva lhes diriam que a vida é meio sem graça pela falta do sal, da gordura e do açúcar, mas a sobrevivência é mais importante que o abuso a estes alimentos. Para dar sabor a alimentos sem gordura, sem sal ou sem açúcar, **temperos, alimentos correspondentes** e **substitutos químicos** são utilizados para gerar a imitação de sabor e tornar mais palatável os alimentos. Também, na mesma esteira, qualquer alimento, salgado ou doce, precisa ser temperado para que o sabor seja realçado na forma do que normalmente, considerando a cultura de quem o prepara ou da proposta que se deseja obter. Assim, café é quente e doce, pode ser morno, amargo e forte, morno, doce e fraco, e sabem-se lá quantas outras variações admitam... Até gelado e com sorvete o café é consumido. Mas até hoje não ouvi falar de café temperado com sal. Já vi com manteiga, remédio caseiro contra gripe... Mas nunca vi temperar café com sal.

O que é Temperança?

Esquecendo os alimentos e passando a falar sobre o nosso tema com mais evidência, a

Temperança segue na mesma esteira do domínio próprio, considerando a sanguinidade. Aliás, falando delas como prometido no texto anterior, conforme o site:

https://www.voitto.com.br/blog/artigo/temperamentos

Consultado em 17/06/2022 às 19:47h:

a) **Sanguíneo:** "A pessoa que tem o temperamento sanguíneo é caracterizada por ser mais extrovertida e otimista. São pessoas alegres, esperançosas, calorosas, amáveis e simpáticas. De modo geral são explosivas, instáveis emocionalmente, impulsivas e até egoístas. Sabe aquele seu amigo que tem uma certa dificuldade de ficar quieto? Que está sempre fazendo uma piada ou que te interrompe sempre que você está falando? Então, essas são características de um sanguíneo.";

b) **Colérico:** "Pessoas com temperamento colérico são mais explosivas e agressivas do que as demais. São pessoas dominadoras, ambiciosas, determinadas, impulsivas, comandam e lideram e são bons planejadores. Em algumas situações são intolerantes, egocêntricos e impacientes.”;

c) **Melancólico:** “O temperamento mais profundo é o melancólico. Os melancólicos são sensíveis em suas emoções, são pessoas detalhistas, que gostam de ficar mais quietinhas. Possuem dificuldade de expor as suas emoções e sentimentos, são fiéis e desconfiados. São pessoas leais, sensíveis e dedicadas.”;

d) **Fleumático:** “Sabe aquela pessoa que faz de tudo para evitar um conflito? Então, essa é uma das características de um fleumático. São pessoas dóceis, pacíficas, sonhadoras, positivas e disciplinadas. Geralmente essas pessoas são confiáveis e equilibradas.”.

Dois pontos a considerar:

1. Há possibilidade de pessoas demonstrarem mais de um destes comportamentos ou a mistura deles? Acredito que sim, isto pode ser bom, mas...

2. A demonstração de mais de um comportamento também pode indicar problemas ou distúrbios de personalidade e até patologias.

Assim, bom seria que todos nós alcançássemos a inteligência emocional e o controle de nossas personalidades.

Dividindo o Fruto em Partes

Parte IX – Temperança

Como na mansidão, a temperança, considerada a personalidade de cada um e a ação do Espírito de Deus, é fator fundamental na relação com as pessoas que nos cercam e a estímulos vindos delas e do ambiente. Primeiro, por causa dos fragmentos de temperança, advindos da criação e rebaixados pelo pecado, temos um comportamento e temperamento que ou é impreciso, indo para mais, para menos ou inerte, não responde na devida reação necessária.

A ação do Espírito, aqui, é dar aquele controle que *a mão trêmula não tem*, ou que o desconhecimento ou ignorância impedem, dar uma resposta devida ao estímulo.

Aqui há ajuda contra sarcasmo, ironia e até agressão! Imagine-se neste exemplo, como o professor de um aluno que o desejava irritar:

O aluno pergunta pela primeira vez:

- Professor, quanto é 1+1?

O professor responde:

- São 2.

Na décima vez:

- Professor, quanto é 1+1?

Como o professor responderia?

Temperança

Aplicar temperança à vida pode não ser tão simples, dado fato de que por vezes a natureza humana nos empurra a agir destemperadamente. Lembremos que o objetivo final é manter a harmonia, a paz, o bom trato e o bom relacionamento, ou seja, comunhão horizontal!

A reposta temperada é a única possível advinda de crentes que buscam permanecer na presença do Senhor. O inimigo sabe que o destempero pode estragar nosso dia, nossa vida, e por isso propõe diuturnamente situações para nos retirar da graça. Portanto, não caia no laço do passarinheiro maligno!

Devo concluir aqui este livro, a análise do fruto do Espírito, com a citação de outro texto do livro de

Gálatas, a antítese ao Espírito, a carne:

"Porque as obras da carne são manifestas, as quais são: prostituição, impureza, lascívia, idolatria, feitiçarias, inimizades, porfias, emulações, iras, pelejas, dissensões, heresias, invejas, homicídios, bebedices, glutonarias e coisas semelhantes a estas, acerca das quais vos declaro, como já antes vos disse, que ***os que cometem tais coisas não herdarão o Reino de Deus."***

Gálatas 5.19-21

A expressão grifada acima é duríssima! Não herdar o Reino de Deus é estar eternamente afastado de Deus. Em linguagem simples, é ir para o inferno, morrer eternamente.

Tenho certeza, não é isto que desejamos!

E, se a Bíblia Sagrada diz que o antídoto para as obras da carne é o resgate de Cristo e o transparecer deste resgate é o Fruto do Espírito, a demonstração deste fruto, de fato, não nos é escolha, é obrigação! Atentemos para isto!

Aqui concluímos a análise das partes do Fruto do Espírito!

Que Deus te abençoe em Cristo Jesus!

Roberto Boni Cardoso é Presbítero e serve ao Senhor na Igreja Evangélica Assembleia de Deus - Ministério Glória I em Angra dos Reis – RJ;

Casado com Suellen da Silva Roberto é:

- Licenciado em Biologia pela Universidade Federal do Rio de Janeiro (2012);

- Formou-se em Teologia pela Escola de Educação Teológica das Assembleias de Deus – EETAD, no Antigo Núcleo 332 (2009).

- Na Igreja, atualmente ocupa a função de professor da Escola Bíblica Dominical para adultos, sendo professor da EBD desde o ano 2000, criador e professor do Curso Livre em Teologia da Assembleia de Deus Ministério Glória I e Secretário.

- Na vida secular, é servidor público efetivo da Prefeitura Municipal de Angra dos Reis – RJ, oficialmente desde 15 Março de 2004.

Autor de outros dois livros:

- Reflexões Sobre o Deus da Bíblia e Sua Relação com a Humanidade.

- Passos Para a Vida.

1. **LéXICO: https://biblehub.com** Consulta em 28/11/2022, 15:38h

2. MEYERS, Rick: **e-Sword®, versão 13.0.0.** Copyright © 2000-2021. Aplicação de Internet

3. CARDOSO, Roberto Boni: **Reflexões Sobre o Deus da Bíblia e Sua Relação coma Humanidade.** Mogi das Cruzes - SP, 2021 – Ed. Becalete / Nevada – EUA, 2021 – Ed. Amazon

4. **Bíblia de Estudo Pentecostal.** Rio de Janeiro – RJ, 1995 – Ed. CPAD

www.ingramcontent.com/pod-product-compliance
Lightning Source LLC
LaVergne TN
LVHW010110170826
845678LV00012B/2326

* 9 7 9 8 3 6 6 2 5 4 3 1 1 *